Module Erziehungswissenschaft

Band 2

Reihe herausgegeben von

Hedda Bennewitz, Universität Kassel, Kassel, Hessen, Deutschland

Andrea Kleeberg-Niepage, Europa-Universität Flensburg, Flensburg, Schleswig-Holstein, Deutschland

Sandra Rademacher, Europa-Universität Flensburg, Flensburg, Schleswig-Holstein, Deutschland

‚Module Erziehungswissenschaft' ist eine moderne Lehrbuchreihe, die der Organisationsstruktur erziehungswissenschaftlicher Studiengänge in Modulen entspricht. Jede Einführung greift einen Kernbegriff oder Gegenstandsbereich auf, der zentral für die Modulbeschreibungen zum Studium an Hochschulen ist. In übersichtlichen und klar gegliederten Darstellungen finden Studierende einen komprimierten Überblick zum Fachgegenstand. Definitionen, zusammenfassende Übersichten und kommentierte Literaturhinweise helfen, das Gelernte zu vertiefen. Damit wird ein sicherer Einstieg in die zentralen Begriffe und Lernfelder der Erziehungswissenschaft ermöglicht. Die Konzeption der Bücher orientiert sich eng am Studien- und Arbeitsalltag von Studierenden und Dozentinnen und Dozenten. Im Laufe eines Semesters lassen sich die „Module" oder einzelne Kapitel als „Teilmodule" daraus effektiv in Seminarveranstaltungen – oder als Vor- und Nachbereitung von Vorlesungen – einsetzen und bearbeiten. Ziel der Reihe ‚Module Erziehungswissenschaft' ist es, ein gesichertes Basiswissen für das Fach Erziehungswissenschaft in Form von modul-orientierten Lehrbüchern zu entwickeln und bereitzustellen.

Weitere Bände in der Reihe http://www.springer.com/series/15089

Andrea Kleeberg-Niepage

Entwicklung
Eine Einführung

Andrea Kleeberg-Niepage
Europa-Universität Flensburg
Flensburg, Schleswig-Holstein
Deutschland

ISSN 2524-3519 ISSN 2524-3527 (electronic)
Module Erziehungswissenschaft
ISBN 978-3-658-20074-9 ISBN 978-3-658-20075-6 (eBook)
https://doi.org/10.1007/978-3-658-20075-6

Die Deutsche Nationalbibliothek verzeichnet diese Publikation in der Deutschen Nationalbibliografie; detaillierte bibliografische Daten sind im Internet über http://dnb.d-nb.de abrufbar.

© Springer Fachmedien Wiesbaden GmbH, ein Teil von Springer Nature 2021
Das Werk einschließlich aller seiner Teile ist urheberrechtlich geschützt. Jede Verwertung, die nicht ausdrücklich vom Urheberrechtsgesetz zugelassen ist, bedarf der vorherigen Zustimmung des Verlags. Das gilt insbesondere für Vervielfältigungen, Bearbeitungen, Übersetzungen, Mikroverfilmungen und die Einspeicherung und Verarbeitung in elektronischen Systemen.
Die Wiedergabe von allgemein beschreibenden Bezeichnungen, Marken, Unternehmensnamen etc. in diesem Werk bedeutet nicht, dass diese frei durch jedermann benutzt werden dürfen. Die Berechtigung zur Benutzung unterliegt, auch ohne gesonderten Hinweis hierzu, den Regeln des Markenrechts. Die Rechte des jeweiligen Zeicheninhabers sind zu beachten.
Der Verlag, die Autoren und die Herausgeber gehen davon aus, dass die Angaben und Informationen in diesem Werk zum Zeitpunkt der Veröffentlichung vollständig und korrekt sind. Weder der Verlag, noch die Autoren oder die Herausgeber übernehmen, ausdrücklich oder implizit, Gewähr für den Inhalt des Werkes, etwaige Fehler oder Äußerungen. Der Verlag bleibt im Hinblick auf geografische Zuordnungen und Gebietsbezeichnungen in veröffentlichten Karten und Institutionsadressen neutral.

Planung/Lektorat: Stefanie Laux
Springer VS ist ein Imprint der eingetragenen Gesellschaft Springer Fachmedien Wiesbaden GmbH und ist ein Teil von Springer Nature.
Die Anschrift der Gesellschaft ist: Abraham-Lincoln-Str. 46, 65189 Wiesbaden, Germany

Inhaltsverzeichnis

1	**Was ist Entwicklung und welche Faktoren bewirken sie?**	1
1.1	Entwicklung als wissenschaftliches Denkmodell	2
	1.1.1 Entwicklung als gesellschaftlicher Fortschritt	3
	1.1.2 Fortschritt und Individualentwicklung	4
	1.1.3 Die wissenschaftliche Untersuchung von (kindlicher) Entwicklung	7
1.2	Die Schwierigkeit, Entwicklung zu definieren	12
1.3	Nature vs. Nurture: Welche Faktoren bewirken Entwicklung?	14
	1.3.1 Entwicklung durch Reifung	17
	1.3.2 Entwicklung durch Umwelteinflüsse	18
	1.3.3 Entwicklung durch Konstruktion	20
	1.3.4 Entwicklung durch Interaktion	21
1.4	Zusammenfassung	23
	Literatur	24
2	**Theorien menschlicher Entwicklung**	29
2.1	Die Entwicklung der Persönlichkeit aus psychoanalytischer Perspektive	30
	2.1.1 Sigmund Freud und der kleine Hans	30
	2.1.2 Die psychosexuelle Entwicklung nach Freud	33
	2.1.3 Menschliche Entwicklung nach Freud: Bedeutung und Einordnung	37
	2.1.4 Die psychosoziale Entwicklung nach Erikson	39
2.2	Die Entwicklung höherer psychischer Funktionen	43
	2.2.1 Jean Piaget und die Beobachtung seiner eigenen Kinder	44
	2.2.2 Die kognitive Entwicklung nach Piaget	48

2.2.3 Menschliche Entwicklung nach Piaget:
Bedeutung und Einordnung........................ 52
2.2.4 Lew S. Wygotski: Eine kulturhistorische Perspektive..... 53
2.3 Entwicklung aus transaktionaler Perspektive................ 59
2.3.1 Urie Bronfenbrenner und die Ökologie
der menschlichen Entwicklung..................... 60
2.3.2 Das bioökologische Entwicklungsmodell
von Urie Bronfenbrenner......................... 62
2.3.3 Menschliche Entwicklung nach
Bronfenbrenner: Bedeutung und Einordnung........... 65
2.3.4 Entwicklung im Erwachsenenalter: Die
Lebensspannenperspektive........................ 66
2.4 Zusammenfassung...................................... 68
Literatur... 69

3 Abweichungen von der Norm: Entwicklungsstörungen........... 73
3.1 Wer ist ‚normal' oder was kann ‚Störung'
von Entwicklung bedeuten?.............................. 73
3.2 Die Aufgaben von Lehrkräften bei Entwicklungsstörungen...... 77
3.3 Entwicklungsstörungen................................. 79
3.3.1 Überblick....................................... 79
3.3.2 Beispiel Lese-Rechtschreib-Störung (LRS)........... 80
3.4 Verhaltens- und emotionale Störungen..................... 83
3.4.1 Überblick....................................... 83
3.4.2 Beispiel Trennungsangst.......................... 84
3.5 Psychische Störungen................................... 86
3.5.1 Überblick....................................... 86
3.5.2 Beispiel Depression.............................. 88
3.6 Zusammenfassung...................................... 89
Literatur... 90

4 Die Erforschung menschlicher Entwicklung:
Wandel und Kontinuität.................................... 93
4.1 Stand der Forschung oder Stand des Diskurses?.............. 93
4.1.1 Zum Forschungsstand in Fachzeitschriften............ 94
4.1.2 Zum Forschungsstand in Lehrbüchern................ 96
4.1.3 Fazit: Zum Stand des Diskurses.................... 100

4.2		Methoden zur Erforschung menschlicher Entwicklung	103
	4.2.1	Der Beginn der wissenschaftlichen Erforschung menschlicher Entwicklung	103
	4.2.2	150 Jahre Entwicklungsforschung: Von der Methodenvielfalt zum Methodenpurismus und zurück?	105
	4.2.3	Die besonderen Herausforderungen bei der Erforschung kindlicher Entwicklung	110
4.3		Zusammenfassung	112
Literatur			113

Was ist Entwicklung und welche Faktoren bewirken sie?

▶ Der Begriff ‚Entwicklung' ist nicht nur eine Bezeichnung für vielfältige individuelle, soziale oder gesellschaftliche Prozesse, sondern mit ihm ist darüber hinaus ein komplexes wissenschaftliches Denkmodell verbunden. Neben der Herkunft und Bedeutung des Entwicklungsbegriffs werden in diesem Kapitel auch die Entstehung dieses Denkmodells aus einer historischen Perspektive diskutiert und die jeweiligen Veränderungen im Kontext gesellschaftlicher Wandlungsprozesse betrachtet. Dieses Vorgehen trägt dazu bei, die mit ‚Entwicklung' verbundenen spezifischen sozio-kulturellen Vorannahmen und Setzungen sichtbar zu machen und die Selbstverständlichkeit, mit der wir ‚Entwicklung' in Wissenschaft und Alltag verwenden, zu hinterfragen. Jene, sich auch ändernden, Selbstverständlichkeiten, mit denen Wissenschaftler/innen von menschlicher ‚Entwicklung' sprechen, zeigen sich auch an den vorliegenden Versuchen, ‚Entwicklung' zu definieren. Sowohl diese Definitionen, einschließlich der hier vorgestellten eigenen Arbeitsdefinition, als auch die verschiedenen Theorien und Modelle menschlicher Entwicklung enthalten immer auch Aussagen darüber, welche Faktoren und Prozesse Entwicklung maßgeblich stimulieren. Damit positionieren sie sich in der anhaltenden Anlage-Umwelt-Debatte entweder an einem der beiden Pole oder sie formulieren Annahmen darüber, wie Anlage und Umwelt im Entwicklungsgeschehen zusammenwirken.

1.1 Entwicklung als wissenschaftliches Denkmodell

Gibt man den Begriff ‚Entwicklung' in eine Internet-Suchmaschine ein, erhält man eine enorme Trefferzahl, welche diejenige für verwandte Begriffe wie *Sozialisation, Bildung* oder *Erziehung* deutlich übersteigt. Dieser Umstand kann bereits ein Hinweis darauf sein, welche Bedeutung dem Begriff *Entwicklung* zukommt und auch welche Bandbreite an Phänomenen mit diesem Begriff bezeichnet werden kann. Und tatsächlich zeigt sich bei einem Blick auf die Inhalte der Treffer eine breite Verwendung von *Entwicklung* in verschiedensten wissenschaftlichen Disziplinen, gesellschaftspolitischen Debatten und in ökonomischen Kontexten.

Darüber hinaus ist der Entwicklungsbegriff auch alltagssprachlich ein ständiger Begleiter, wenn wir zum Beispiel *Ideen, Konzepte, Strategien* oder uns persönlich *weiterentwickeln* wollen, Kinder und Jugendliche auf ihrem *Entwicklungsweg* begleiten und sie bei *Entwicklungshindernissen* unterstützen möchten oder uns in der internationalen *Entwicklungshilfe* engagieren. Mit der häufigen Verwendung des Begriffs erscheint er auch nicht mehr erklärungsbedürftig, offenbar wissen wir, was gemeint ist. Explizite Definitionen von *Entwicklung* finden sich kaum.

Über seine Verwendung in den verschiedenen Wissenschaftsdisziplinen, die mit dem Entwicklungsbegriff operieren, können wir uns seiner Bedeutung allerdings annähern: Dort geht es um die *Entstehung* biologischer Arten oder von Gesellschaften, die *Förderung* wirtschaftlich benachteiligter oder rückständiger Regionen, den *Aufbau*, die *Erweiterung* oder die *Verbesserung* von Beziehungen und Lebenschancen oder um *aufeinander aufbauende Veränderungen* im menschlichen Erleben und Verhalten. Gemeinsam ist diesen Verwendungen also die Betonung der Herausbildung von etwas Neuem und die Idee einer quantitativen oder qualitativen Steigerung im Vergleich zu einer Ausgangssituation.

▶ Was steckt eigentlich in Worten wie ‚Entwicklung' oder ‚entwickeln', in welchen Zusammenhängen wurden sie zuerst gebraucht und seit wann benutzen wir sie in der gegenwärtigen Form? Das Nachschlagen in etymologischen Wörterbüchern bzw. Fachpublikationen zur Begriffsgeschichte, die genau darüber Auskunft geben, kann sich lohnen, um die Selbstverständlichkeit, mit der wir bestimmte Begriffe täglich benutzen, zu hinterfragen und uns deren Bedeutung bewusst zu machen. Für *Entwicklung* ist dort beispielsweise zu erfahren, dass das Präfix *ent-* erst seit dem 16. Jahrhundert vor das

1.1 Entwicklung als wissenschaftliches Denkmodell

Wort *wickeln* gesetzt wird. *Wickeln* wiederum bezog sich auf Garne und Wolle, aber auch auf Personen, hier im Sinne von jemanden zu schützen. *Ent-wickeln* wurde zunächst im Sinne von aufwickeln oder auseinanderfalten konkreter Gegenstände verwendet, bald aber auch auf Nichtgegenständliches, wie die Entwirrung komplizierter Sachverhalte, ausgeweitet und in der Bedeutung von *Entstehung* und *Entfaltung* benutzt. Ab dem Ende des 18. Jahrhunderts wurde *Entwicklung* auch auf geschichtliche und politische Tatbestände bezogen. Zudem wird das Verb, was zuvor nicht üblich war, immer häufiger reflexiv genutzt – *sich entwickeln*. Im 19. Jahrhundert wurden auch Fotografien *entwickelt*, d. h. vorher Unsichtbares wurde mittels chemischer Verfahren sichtbar gemacht. Außerdem erfolgte seitdem die Verwendung von *Entwicklung* im Deutschen oft synonym zu *Evolution* (Pfeifer 1993 sowie sehr ausführlich in Wieland 1994).

In Bezug auf die menschliche Entwicklung, insbesondere auf die Entwicklung im Kindes- und Jugendalter, treten die Vorstellungen von *Entstehung* und *Zunahme* besonders deutlich hervor: Die in diesen Lebensphasen beobachtbaren individuellen Veränderungen auf körperlicher, psychischer und sozialer Ebene sowie von Fähigkeiten und Fertigkeiten werden in aller Regel mit einer bestimmten Richtung versehen – von einfachen zu komplexen Funktionen, von einem niedrigen zu einem höheren Niveau bzw. von weniger zu mehr Fähigkeiten und Fertigkeiten (Kleeberg-Niepage 2018). Wie aber kam es zu diesem, uns heute selbstverständlich erscheinenden Entwicklungsverständnis?

1.1.1 Entwicklung als gesellschaftlicher Fortschritt

Die Vorstellung von menschlicher Entwicklung als Prozess, den – in der Regel – Entstehung, Zunahme und Verbesserung kennzeichnen, ist Teil eines wissenschaftlichen Denkmodells, das nicht von jenen Gesellschafts- und Wissenschaftsauffassungen der westlichen Welt zu trennen ist, die das 19. und große Teile des 20. Jahrhunderts dominierten. Dessen Ursprünge lassen sich bis in die Zeit der europäischen Aufklärung zurückverfolgen.

Bereits zu jener Zeit wurde Entwicklung als eine fortschreitende Veränderung – eben als Fortschritt[1] – konzipiert. Der Höhepunkt dieses Prozesses war laut

---

[1]Für eine Geschichte des Begriffs ‚Fortschritt' vgl. Koselleck (1994).

damaliger Idee der aufgeklärte, rational denkende und handelnde, weiße, männliche Europäer, der quasi den Gipfel der Menschheitsgeschichte darstellen sollte (Kim 1997). Dabei ging es allerdings zunächst weniger um Veränderungen auf der Ebene des Individuums, sondern vielmehr um gesellschaftliche Veränderungen, genauer, um die Neu-Ordnung der bis dahin bekannten Welt und der in ihr lebenden Völker. Durch die Entdeckungen neuer Kontinente und die nachfolgende Kolonisierung drangen immer mehr Berichte über die dort lebenden Menschen und ihre Sitten und Gebräuche nach Europa. Deren Lebensweisen wurden in ein Verhältnis zur eigenen Lebensführung gesetzt und in der Regel als *rückständig* und *unzivilisiert* oder auch als *natürlich* bewertet (Kleeberg-Niepage 2007, 2018). Die eigene Lebensweise und auch sich selbst sah man als *zivilisiert* und *weiter entwickelt* an. Diese Bewertungen dienten bis in das 20. Jahrhundert hinein auch als Rechtfertigung für die Kolonisierung zahlreicher Länder, denen damit angeblich Zivilisation und Fortschritt gebracht werden sollten. Auch wenn heute derartige Ab-Wertungen von Menschen und ihren Lebensweisen als inadäquat betrachtet werden, sind abgestufte Einteilungen von Staaten in Industrie-, Schwellen- und Entwicklungsländer, wie sie z. B. von den Vereinten Nationen vorgenommen werden, weiter gängig. Zwar bilden nun wirtschaftliche Kennzahlen die Grundlage dieser Bewertung, die Idee eines einheitlichen Ziels gesellschaftlicher Entwicklung, nämlich das ökonomische Niveau von Industriestaaten zu erreichen, findet sich jedoch weiterhin.

1.1.2 Fortschritt und Individualentwicklung

Die Besonderheiten von Kindern und die vielfältigen Veränderungen gerade in den ersten Lebensjahren eines Menschen waren natürlich bereits lange vor der Zeit der Aufklärung für Theologen und Philosophen von Interesse. Neu war ab dem 17. Jahrhundert aber eine systematische Betrachtung von Kindheit als eine eigenständige Lebensphase, der zunehmend mehr Bedeutung bezüglich des späteren Erwachsenenlebens zugeschrieben wurde. Dabei ging es allerdings weniger um eine Beschreibung der kindlichen Entwicklung als Selbstzweck, sondern um die Frage, wie sich das Aufwachsen der Kinder gemäß den eigenen Intentionen beeinflussen lässt. Das Wissen um die Besonderheiten von Kindern stand somit im Dienste dezidierter Überlegungen zu ihrer *Erziehung*[2].

---

[2]Für eine dezidierte Auseinandersetzung mit ‚Erziehung' sei hier bereits auf den gleichnamigen in dieser Reihe erscheinenden Band von Sandra Rademacher und Eike Wolf verwiesen.

1.1 Entwicklung als wissenschaftliches Denkmodell

▶ Auch wenn die wissenschaftliche Erforschung der menschlichen Entwicklung meist als eine Grundlagenwissenschaft betrachtet wird, heißt dies nicht, dass die Forschungsinteressen aus sich selbst heraus entstehen. Vielmehr sind diese immer in historische, soziale, kulturelle und gesellschaftliche Prozesse eingebettet. War es während der Aufklärung bereits die Frage nach einer wissenschaftlich begründeten Erziehung, kamen ab dem Ende des 19. Jahrhunderts die Nachfragen nach wissenschaftlichen Erkenntnissen über die kindliche Entwicklung oft aus dem sich neu formierenden Schulsystem. Zugleich versprach man sich zu jener Zeit von der Untersuchung der Kindesentwicklung Aufschluss über die Entwicklung der Menschheit insgesamt sowie die augenfälligen Unterschiede zwischen Menschen (vgl. Abschn. 1.1.3). Bis heute werden mit den Forschungsarbeiten zur menschlichen Entwicklung diverse praktische Handlungsfelder ‚bedient', allen voran das Erziehungswesen (Lehrkräfte, Erzieher/innen, Schulpsycholog/innen), aber auch das Rechtssystem (gerichtliche Gutachter/innen, Kriminolog/innen), das Gesundheitswesen (klinische Psycholog/innen, Altenpfleger/innen) oder die Sozialarbeit (vgl. Danziger 1997; Jahoda 1999; Montada et al. 2018; Rose 1985).

Eine verbindliche Erziehung, welche die Kinder auf ihre späteren Lebensaufgaben vorbereiten sollte, war bis dato vor allem in der adligen Oberschicht gängig, während in den anderen sozialen Ständen Kinder in die Tätigkeiten der Familie oder des Standes durch Mitarbeit mehr oder weniger hineinwuchsen (Ariès 1975/2000; Postman 1989). Das nun aufkommende Interesse am Kind und seinen Besonderheiten ist Teil eines gesellschaftlichen Wandels in der Zeit der Aufklärung, im Zuge dessen u. a. theologische Dogmen hinterfragt wurden und eine Hinwendung zu wissenschaftlichen Erkenntnissen erfolgte. Hierbei rückten Überlegungen über den Platz und die Aufgaben des Menschen in der Gesellschaft und damit auch die Frage in den Fokus, wie der Mensch zu dem (gemacht) werden kann, was er werden soll. Das war vor allem für die erstarkende, neue soziale Schicht des Bürgertums relevant, denn die Kinder sollten später schließlich einmal die eigenen Geschäfte erfolgreich weiterführen, sodass entsprechende Überlegungen aufmerksam zur Kenntnis genommen wurden (Kleeberg-Niepage 2007).

Der britische Arzt und Philosoph John Locke und der Genfer Philosoph und Pädagoge Jean-Jaques Rousseau gelten bis heute als diejenigen Theoretiker jener Zeit, die unser gegenwärtiges Denken über Kindheit und kindliche Entwicklung am nachhaltigsten beeinflusst haben (Postman 1989). Beide befassten sich in ihren jeweiligen Ausführungen zu Fragen der Erziehung[3] ausgiebig mit kindlichen Besonderheiten oder, wie wir heute sagen würden, mit der kindlichen Entwicklung. Zwar hatten sie grundlegend verschiedene Auffassungen zur kindlichen Ausgangsposition, die Locke als *tabula rasa,* als leeres Blatt oder Tafel, bezeichnete, das bzw. die durch Erfahrungen, Erziehung und Bildung beschriftet werden muss, während nach Rousseaus Überzeugung alle notwendigen Anlagen im Kind bereits vorhanden sind und durch Erfahrungen (mit der Natur, den Menschen und den Dingen) zur Ausprägung gebracht werden sollen. Gemeinsam ist jedoch beiden Theoretikern die Idee, dass das Kind sich grundlegend vom Erwachsenen unterscheidet, da es unwissend, emotional, leicht ablenkbar und (noch) nicht zum logischen Denken fähig sei. Zudem gehen beide, wenn auch mit unterschiedlicher Gewichtung, davon aus, dass im Werden des Kindes sowohl die Anlagen als auch die Umwelt eine wichtige Rolle spielen.

Durch Bildung und Erziehung sollte das Kind zu einem vernünftigen Staatsbürger gemacht werden. Die Zeit der Kindheit war somit bei Locke und Rousseau vor allem im Hinblick auf das spätere Erwachsensein interessant – in ihr sollten die Grundlagen dafür gelegt werden. In Rousseaus bekanntem Werk *Émile ou de l'éducation* findet sich zudem bereits eine Art fortschreitendes Stufenmodell der kindlichen Entwicklung von der Kleinkindzeit bis zur Pubertät, in deren Verlauf die Fähigkeiten und Fertigkeiten des Kindes zunehmen und sich die Aufgaben des Lehrers bzw. Erziehers entsprechend verändern. Die Überlegungen und Vorschläge von Locke und Rousseau bezogen sich allerdings nur auf Knaben aus den gehobenen Gesellschaftsschichten. Menschen aus dem ‚gewöhnlichen Volk' dienten bloß als Randfiguren, auch Mädchen und Frauen wurden lediglich als (zukünftige) Mütter bzw. Erzieherinnen thematisiert (Locke 1962/Orig. 1693; Rousseau 1963/Orig. 1762).

Die Idee einer fortschreitenden Entwicklung auf ein bestimmtes Ziel hin hatte damit die Betrachtung des menschlichen Lebenslaufs, insbesondere der Lebensphase Kindheit, erreicht und kennzeichnete zukünftig alle weiteren Überlegungen zur menschlichen Entwicklung. Die kultur-, klassen- und geschlechtsspezifischen Setzungen, die in diese Entwicklungsidee eingingen, blieben auch in den ab dem 19. Jahrhundert entstehenden wissenschaftlichen Modellen kindlicher Entwicklung lange unhinterfragt erhalten.

---

[3]Sowohl beim zentralen Werk von Locke zu diesem Thema – dem 1693 erschienen Traktat *Some thoughts concerning education* – als auch bei Rousseaus *Émile ou de l'éducation* von 1762 – wurde der Begriff education/l'éducation stets mit *Erziehung* ins Deutsche übersetzt, obwohl sich beispielsweise auch (Aus-)Bildung angeboten hätte.

1.1.3 Die wissenschaftliche Untersuchung von (kindlicher) Entwicklung

Der Beginn einer systematischen wissenschaftlichen Beschäftigung mit kindlicher Entwicklung im 19. Jahrhundert fiel in eine Zeit enormer gesellschaftlicher, ökonomischer und sozialer Umwälzungen in Europa. Zudem veränderte sich in dieser Phase auf der Grundlage verschiedener wissenschaftlicher Entdeckungen, vor allem in den Naturwissenschaften, neben dem Blick auf die Gesellschaft, auch die Vorstellungen davon, was Wissenschaft oder auch wissenschaftliches Arbeiten sein sollte. Diese bedeutsamen Kontextfaktoren werden bei der Betrachtung der Herausbildung der wissenschaftlichen Untersuchung von kindlicher Entwicklung besonders deutlich.

Die sozioökonomischen Veränderungen im 19. Jahrhundert mit Industrialisierung und Lohnarbeit, Urbanisierung und Landflucht, Akkumulation enormer Vermögen und zugleich Verelendung großer Bevölkerungsgruppen führten einerseits zu politischen Überlegungen hinsichtlich der Ordnung dieser neuen Gesellschaft und andererseits zu großen Veränderungen im Leben vieler Kinder und Familien. Besonders in der entstehen Schicht der Lohnarbeiter/innen war es für Kinder üblich und aufgrund der finanziellen Verhältnisse auch notwendig, täglich in Manufakturen und Fabriken zu arbeiten und allenfalls die Sonntagsschule zu besuchen. Auch die Erwachsenen arbeiteten zunehmend außer Haus, wodurch häusliche Aufsicht und Fürsorge oft schwerlich zu gewährleisten waren.

Für die Kinder der bürgerlichen Oberschicht war das Leben hingegen von häuslicher und schulischer Bildung und Erziehung geprägt. Hierbei kam, wie schon bei Locke und Rousseau angelegt, den Frauen eine besondere Verantwortung als Mütter und Erzieherinnen zu. Um einen bestmöglichen Erziehungs- und Bildungserfolg zu erreichen, rückten die kindlichen Fähigkeiten und Besonderheiten immer stärker in den Fokus des Interesses. Für deren detaillierte Beschreibung begannen verschiedene Wissenschaftler, Kleinkinder, die zumeist die eigenen waren, genau zu beobachten. Bereits 1787 gab der deutsche Philosoph Dietrich Tiedemann das Werk *Beobachtungen über die Entwicklung der Seelenfähigkeit bei Kindern* heraus, in dem er die dreijährigen Beobachtungen seines Sohnes von Geburt an darstellte (Tiedemann 1787). Die Beobachtung blieb im 19. Jahrhundert die wissenschaftlich bereits etablierte Methode der Wahl zur Erforschung des Kindes. Allerdings gilt es zu bedenken, dass hierbei nur Beobachtungen an Kindern der gebildeteren Oberschicht dokumentiert wurden.

Als ein Meilenstein für die Herausbildung einer eigenständigen Disziplin, die die Erforschung der kindlichen Entwicklung zum Gegenstand hat, gilt die Veröffentlichung des Werkes *Die Seele des Kindes* im Jahr 1882 des damals in Jena lehrenden britischen Physiologen William Preyer. Auch dieser beobachtete den eigenen Sohn in den ersten drei Lebensjahren. Neu war bei ihm zum einen die Einführung strikter Beobachtungsstandards – täglich wurden drei festgelegte Beobachtungszeiträume eingehalten und genau dokumentiert – sowie die Zuordnung seiner Beobachtungen zu drei Teilbereichen: den Sinnen, dem Willen und dem Verstand (Heinemann 2016; Kotter 2012 sowie Abschn. 4.2).

An der Arbeit William Preyers lassen sich die damaligen wissenschaftlichen Diskurse gut erkennen, welche diese frühen Forschungsarbeiten zur kindlichen Entwicklung stark beeinflussten. Ebenfalls in Jena tätig war zu Preyers Zeit beispielsweise der deutsche Zoologe Ernst Haeckel, der auf der Grundlage der Untersuchung von tierischen und menschlichen Embryonen die Rekapitulationstheorie entwickelte. Diese besagt, dass die menschliche Individualentwicklung (Ontogenese) eine beschleunigte Wiederholung der gesamten Stammesgeschichte (Phylogenese) darstellt. Als Anhänger der Darwin'schen Evolutionstheorie, die 1859 erstmals veröffentlicht wurde, wollte Preyer in seinen Studien die angenommenen Zusammenhänge zwischen der tierischen und menschlichen Entwicklung nachweisen. Allerdings kam er letztlich auf der Basis seiner Beobachtungen zu dem Schluss, dass aufgrund der sehr langsam verlaufenden menschlichen Entwicklung diese nicht allein durch die Evolution vorherbestimmt sein könne, sondern Umwelteinflüssen eine bedeutsame Rolle zukäme (Jahoda 1999; Kotter 2012).

Rekapitulationstheorie (Biogenetisches Grundgesetz)
Der deutsche Zoologe Ernst Haeckel formulierte auf der Basis von Untersuchungen an menschlichen und tierischen Embryonen das biogenetische Grundgesetz. Da sich die menschlichen Embryonen und die von vielen Tierarten in frühen Entwicklungsstadien stark ähneln, ging Haeckel davon aus, dass die menschliche Embryonalentwicklung die gesamte Stammesentwicklung im Schnelldurchlauf wiederholt. Diese eigentlich auf die vorgeburtliche Entwicklung bezogene und heute weitgehend widerlegte Theorie wurde bald auch auf die Zeit danach ausgedehnt – Vergleiche zwischen Kindern und Tieren oder von Menschen in den Kolonien mit europäischen Kindern waren bis in das 20. Jahrhundert hinein gängig und finden sich auch bei bekannten Forschern wie G. Stanley Hall oder Sigmund Freud (Jahoda 1999; Kleeberg-Niepage 2020).

Der Einfluss biologischer Diskurse auf das Verständnis menschlicher Entwicklung war damals immens und wirkte sich nachhaltig auf die nachfolgenden wissenschaftlichen Modelle zur kindlichen Entwicklung aus. Besondere Bedeutung kam hierbei der Darwin'schen Evolutionstheorie zu. Diese bot zwar vorrangig

1.1 Entwicklung als wissenschaftliches Denkmodell

Erklärungsmodelle für die Entstehung, Veränderung und Anpassung biologischer Arten im Verlaufe der erdgeschichtlichen Entwicklung. Zentrale Aspekte dieser Erklärungen wurden allerdings alsbald auch auf die gesellschaftliche Entwicklung übertragen. Darwin selbst sprach eher von ‚changes' (Veränderungen) und nicht von einer Entwicklung zu einem perfekten, idealen Menschen durch die Evolution, gleichwohl wurde die gesellschaftliche Entwicklung des Menschen oft genau so interpretiert (Kessen 1990). Damit sollten die bereits seit der Aufklärung vorherrschenden Überzeugungen von einer Höherentwicklung des weißen, europäischen Mannes der Oberschicht im Vergleich zu den Unterschichten, den Frauen und Kindern oder den Menschen in den Kolonien nun biologisch begründet und auch die großen sozialen Unterschiede gerechtfertigt werden.

Der kindlichen Entwicklung kam damit eine weitere besondere Bedeutung zu: Aus ihrer Erforschung versprach man sich in dieser evolutionären Logik nicht nur Erkenntnisse über die Grundlagen der Herausbildung menschlicher Fähigkeiten über den Lebenslauf, sondern auch Aufschluss über die Entwicklung der gesamten Menschheit (Jahoda 1999). Daraus resultierende Überzeugungen wie die, dass sich menschliche Entwicklung als eine Stufenfolge abbilden lässt, wobei die Bewältigung einer Stufe jeweils die Voraussetzung für die nächstfolgende ist, und dass Entwicklungsprozesse notwendigerweise von einfachen zu komplexen Funktionen und Fähigkeiten verlaufen, welche in Teilen bis heute Bestandteil von Modellen menschlicher Entwicklung sind (siehe auch Kap. 2). Zudem beeinflussten diese Überzeugungen nicht nur das Erkenntnisinteresse und die Fragestellungen der Kinder- bzw. Entwicklungspsychologie, sondern auch die Methoden und Instrumente, mit denen der jeweilige Entwicklungsstand bestimmter psychischer Fähigkeiten und Fertigkeiten bestimmt werden sollte. Denn mit Hilfe von langfristig geführten Tagebüchern, die auch im 20. Jahrhundert, z. B. von Clara und William Stern oder von Jean Piaget, angefertigt wurden, konnten zwar wichtige Aufschlüsse über die Entwicklungsverläufe und durchaus auch Standards gewonnen werden, schnelle Untersuchungen zum aktuellen Entwicklungsstand vieler Kinder waren so aber nicht möglich.

Genau diese wurden aber angesichts der o. g. gesellschaftlichen Veränderungen zunehmend nachgefragt. Ein wichtiger Aspekt dafür war die Durchsetzung einer allgemeinen Schulpflicht in den meisten europäischen Ländern, verbunden mit der gesetzlichen Einschränkung der Kinderarbeit. In den großen Schulklassen fielen schnell die Unterschiede in Lerntempo und -erfolg zwischen den Kindern auf, für die nach Erklärungen gesucht wurde. Die Fortentwicklung der ersten Intelligenztests zu einem schnell und an vielen Kindern gleichzeitig einsetzbaren Instrument, wie es noch heute gängig ist, war unter anderem ein Resultat dieser Nachfrage (vgl. Danziger 1997).

Die seit dem späten 19. Jahrhundert zunehmend eigenständige Disziplin Psychologie[4] mit ihrem Teilgebiet der Kinder- bzw. Entwicklungspsychologie orientierte sich ab dem Beginn des 20. Jahrhunderts zunehmend an naturwissenschaftlichen Methoden, um zu Erkenntnissen über die kindliche Entwicklung zu gelangen. Standardisierte Tests, Experimente und Beobachtungen in psychologischen Laboren wurden für viele Jahrzehnte zu den Methoden der Wahl bei der Erforschung von Kindern. Um die Kriterien für eine solche Standardisierung von Methoden aber überhaupt festlegen zu können (z. B. hinsichtlich der Aufgaben, die Intelligenztestes sinnvollerweise enthalten sollen), waren Vorentscheidungen darüber nötig, welche Aspekte kindlichen Verhaltens für die Beschreibung von Entwicklungsprozessen bedeutsam waren. Die Erforschung kindlicher Entwicklung konzentrierte sich von Anfang an auf bestimmte Aspekte, wie beispielsweise das kindliche Spiel oder schulrelevante Fähigkeiten wie Aufmerksamkeit, Denkvermögen und die Funktion des Gedächtnisses. Damit wurde aber eine ‚normale' kindliche Entwicklung, wie mithilfe fortschreitender Entwicklungsmodelle dargestellt, nicht etwa entdeckt, sondern wissenschaftlich hergestellt. Kindliches Verhalten und Erleben jenseits dieser Modelle sprengt(e) die Grenzen ‚normaler' Entwicklung und konnte dann z. B. als zurückgeblieben, frühreif oder schlicht anormal bewertet werden (vgl. Rose 1985).

Mit der Idee einer normalen kindlichen Entwicklung waren auch Annahmen über die dafür notwendigen Bedingungen verbunden. Gemäß den damals üblichen geschlechtsspezifischen Rollenzuweisungen stand dabei vor allem das Agieren der Mütter im Fokus: Ihre Fürsorge, Zeit, Kenntnis und Geduld galt als Voraussetzung für eine gute, normale kindliche Entwicklung. Grundlage dieser Setzung war ein eher bürgerliches Familienmodell, wonach die Aufgabe der Frauen vorrangig

---

[4]Die Erklärungsansätze zu menschlichem Denken, Fühlen, Wahrnehmen und Verhalten, zu geistigen Fähigkeiten und deren Grundlagen, zu zwischenmenschlichen Beziehungen, dem Funktionieren von Gruppen und dem Verhältnis von Mensch und Gesellschaft bzw. Kultur waren vor der Etablierung der Psychologie als wissenschaftliche Disziplin meist in der Philosophie (teilweise auch in der Anthropologie und der Physiologie) beheimatet. Mit den letzten Dekaden des 19. Jahrhunderts führten Bestrebungen nach anwendungsbezogenen Forschungsprogrammen und vor allem eine Hinwendung zu experimentellen Forschungsmethoden an den Universitäten sukzessive zu einer Herauslösung von psychologischen Lehrstühlen (die es schon länger gab) aus der Philosophie. Dies ebnete über die Entstehung von verschiedenen psychologischen Schulen (z. B. die Leipziger Schule um Willhelm Wundt mit der experimentellen Psychologie, die Psychoanalyse durch Sigmund Freud in Wien oder die Gestaltpsychologie um Max Wertheimer, Wolfgang Köhler und Kurt Koffka in Berlin) der Psychologie den Weg zur Begründung einer eigenständigen Disziplin (vgl. ausführlich hierzu Lück 2013).

1.1 Entwicklung als wissenschaftliches Denkmodell

in der Sorge und Erziehung der Kinder bestand. Diese besondere Verantwortung von Frauen blieb auch in der wissenschaftlichen Erforschung der kindlichen Entwicklung bis in die letzten Dekaden des 20. Jahrhunderts weitgehend unhinterfragt, so waren es beispielsweise lange im Wesentlichen Mütter, die in Untersuchungen zum Bindungsverhalten oder zur Sprachentwicklung von Kindern einbezogen wurden (Burman 1994, 2001) oder deren Berufstätigkeit (und nicht etwas auch die der Väter) als Einflussfaktor auf die kindliche Entwicklung untersucht wurde.

In den letzten Dekaden haben sich die Perspektiven auf und die Methoden zur Erforschung von menschlicher Entwicklung substanziell verändert. So wurde die Betrachtung auf die gesamte Lebensspanne ausgeweitet und auch für verschiedene Phasen im Erwachsenenleben detailliert untersucht. Zudem rückte der sich entwickelnde Mensch und seine Mitwirkung an Entwicklungsprozessen stärker in den Mittelpunkt: Da Menschen sich von Anfang an mit ihrer sozialen Umwelt auseinandersetzen, sind sie aktiv an ihrer eigenen Entwicklung beteiligt. Damit wurden auch die Perspektiven der sich entwickelnden Person zunehmend interessant, was wiederum, besonders bezogen auf (kleine) Kinder, zu der Frage führte, wie sich diese eigentlich wissenschaftlich erheben lassen (Mey 2005a, 2018). Auch wenn der Anteil standardisierter und quantifizierender Methoden in der wissenschaftlichen Erforschung menschlicher Entwicklung nach wie vor erheblich ist, ist doch der Anteil an offeneren, qualitativen Methoden, welche nach den Perspektiven der Subjekte fragen, nicht mehr zu übersehen. Eine Erweiterung des Entwicklungsverständnisses ist auch in der stärkeren Berücksichtigung kultureller Unterschiede und Besonderheiten zu erkennen. Anstatt all jene, die den eigenen Vorstellungen einer entwickelten Lebensweise nicht entsprechen, schlicht als *unterentwickelt* abzuwerten, werden in der Erforschung kultureller Unterschiede zunehmend Chancen gesehen, der Vielfalt möglicher Entwicklungswege einen Schritt näherzukommen (vgl. Abschn. 1.3).

▶ Die meisten Forschungen zur Entwicklung von Kindern und Jugendlichen werden nach wie vor von Forschenden der westlichen Welt mit Kindern und Jugendlichen ebenfalls aus der westlichen Welt durchgeführt. Selbst Forschungsarbeiten außerhalb dieses begrenzten Kontextes werden oft von westlichen Forschungsgruppen dominiert und basieren auf den Annahmen westlicher Entwicklungsmodelle. Um die Bedeutung des kulturellen Kontextes für die menschliche Entwicklung zu verstehen, ist daher der Blick auf die Perspektiven von Wissenschaftler/innen jenseits der westlichen Welt notwendig. Diese finden zwar abseits kulturvergleichender Entwicklungsforschung bislang wenig Beachtung, enthalten aber neben Einblicken in oft wenig bekannte kindliche Lebenswelten bedeutsame Denkanstöße, um vermeintliche Selbstverständlichkeiten zu hinterfragen. So legte der aus Kamerun stammende Psychologe A. Bame Nsamenang (1992) eine umfängliche Arbeit über die Entwicklung von Kindern in Westafrika vor. Der ghanaische Sozialwissenschaftler Yaw Ofosu-Kusi forschte wiederum z. B. mit Kindern aus Agbogbloshi, dem größten Slum in Accra, deren Kindheit und soziale Bedingungen des Aufwachsens so gar nicht unseren Vorstellungen entsprechen (Mizen und Ofosu-Kusi 2013; siehe auch die Forschung mit Kindern in Ghana von Twum-Danso 2009, 2013).

Zwar enthält unser derzeitiges Verständnis menschlicher Entwicklung also historisch, sozial und kulturell spezifische Bedeutungen, die besonders bei der Bewertung und Zuschreibung von Entwicklungsständen oder -störungen zu reflektieren sind. Zugleich zeigen die skizzierten Veränderungen des Entwicklungsverständnisses bzw. der Erforschung menschlicher Entwicklung die Veränderbarkeit wissenschaftlicher Diskurse im Kontext soziokultureller Veränderungen.

1.2 Die Schwierigkeit, Entwicklung zu definieren

Synonyme für den Begriff *Entwicklung* wie *Entstehung, Entfaltung* oder eben auch *Evolution* existieren recht zahlreich im Gegensatz zu tatsächlichen Definitionen im Sinne kurzer, präziser Begriffsbestimmungen. Dass eine kritische Diskussion und Reflexion dieses zentralen Begriffs mit Blick auf die in ihm enthaltenen spezifischen Vorannahmen allerdings geboten ist, sollte bereits deutlich geworden sein.

Begriffsbestimmungen bezüglich der menschlichen Entwicklung werden häufig danach unterschieden, ob diese auf einem *traditionellen* oder *modernen* Verständnis von Entwicklung beruhen oder auch ob ihnen ein *enges* oder *weites* Entwicklungsverständnis zugrunde liegt. *Traditionell* (oder *eng*) meint hier die Idee, dass die menschliche Entwicklung ein fortschreitender, in aufeinanderfolgenden Phasen oder Stufen abbildbarer und mit dem Eintritt in das Erwachsenenalter weitgehend abgeschlossener Prozess ist, der auf eindeutige und auch universell gültige Ziele zuläuft. Eine aus diesem Verständnis hervorgegangene Definition von Entwicklung formulierte Hans Dieter Schmidt im Jahr 1970: „*Wir bezeichnen solche psychophysiologischen Veränderungsreihen als Entwicklung, deren Glieder existentiell auseinander hervorgehen (d. h. in einem natürlichen inneren Zusammenhang stehen), sich Orten in einem Zeit-Bezugssystem zuordnen lassen*

1.2 Die Schwierigkeit, Entwicklung zu definieren

und deren Übergänge von einem Ausgangszustand in einen Endzustand mit Hilfe von Wertekriterien zu beschreiben sind" (S. 20).

Sich ändernde Auffassungen hinsichtlich menschlicher Entwicklung, die unter anderem aus dem zunehmenden Einfluss konstruktivistischer Denkansätze (vgl. Abschn. 1.3) in den Sozialwissenschaften resultierten, führten ab den 1970er Jahren zu einer grundlegenden Hinterfragung des traditionellen Entwicklungsverständnisses. Bereits in der ersten Auflage des deutschsprachigen Standardlehrbuchs *Entwicklungspsychologie* setzte sich Leo Montada (1982, S. 3 ff.) kritisch mit der traditionellen Definition von Schmidt auseinander. Er fragte beispielsweise, wie eigentlich die genannten Wertkriterien zustande kämen, ob es um quantitative oder auch qualitative Veränderungen ginge und ob eher reifungs- oder erfahrungsabhängige Veränderungen gemeint seien.

Daran wird bereits deutlich, dass jede Definition von Entwicklung bestimmte Limitationen mit sich bringt. Zugleich muss aber auch das Spezifische an der wissenschaftlichen Erforschung der *menschlichen Entwicklung* klar bestimmt und vom Entwicklungsverständnis in anderen Disziplinen oder im Alltag abgegrenzt werden. Dieses Dilemma führt entweder zu sehr allgemeinen Definitionen, deren Aussagekraft begrenzt ist (z. B. in Pinquart et al. 2019), oder zu ausführlichen Begriffsdiskussionen, die den Rahmen einer klassischen Definition sprengen. Beispielsweise umfasst die Auseinandersetzung mit dem Entwicklungsbegriff in der neuesten, nunmehr achten Auflage der *Entwicklungspsychologie* fast fünf Buchseiten (Montada et al. 2018). Im Rahmen dieser Auseinandersetzung thematisieren die Autoren folgende Kennzeichen eines *weiten* oder auch *modernen* Entwicklungsverständnisses (ebd., S. 32 ff.):

- die Lebensspannenperspektive (d. h., Entwicklungsprozesse betreffen nicht nur das Kindes- und Jugendalter)
- die Betrachtung vieler differenzieller Entwicklungen z. B. in Abhängigkeit von (Sub-)Kultur oder sozialem Milieu (und nicht nur der Entwurf allgemeiner Entwicklungsverläufe)
- die Erweiterung des Blicks über ‚normale' Entwicklung hinaus auf alle nachhaltigen Veränderungen (was auch Verluste einschließt) sowie
- die Berücksichtigung des Einflusses des Individuums selbst auf seine Entwicklung.

Eine Definition, welche auf einem modernen Verständnis von Entwicklung beruht, die möglichst viele der angesprochenen Themen und einen kritischen Denkanstoß enthält, aber vergleichsweise knapp ausfällt, könnte damit wie folgt lauten:

▶ Als Entwicklung können an das Lebensalter gebundene intra- und interindividuelle Veränderungen des Erlebens und Verhaltens auf körperlicher, kognitiver, emotionaler, psychischer und sozialer Ebene über die gesamte Lebensspanne hinweg verstanden werden. Die Richtung und die Ziele dieser Veränderungen sowie die mit ihnen verbundenen Aufgaben variieren mit dem jeweiligen sozialen und kulturellen Lebenskontext, mit dem sich der Mensch stetig aktiv auseinandersetzt. Wird Entwicklung bewertet, erfolgt immer ein Rückgriff auf normative Kriterien, die sich nicht aus dem Entwicklungsprozess selbst ergeben, sondern aus Bezügen zu sozio-kulturell spezifischen Normierungen resultieren.

1.3 Nature vs. Nurture: Welche Faktoren bewirken Entwicklung?

Eingewoben in jede Definition, in jedes Modell, in jede Theorie menschlicher Entwicklung ist eine Aussage darüber, welche Faktoren, Mechanismen oder Prozesse die menschliche Entwicklung antreiben und es ermöglichen, dass aus einem allein nicht überlebensfähigen Säugling ein selbstständiger, in seiner Gesellschaft aktiv partizipierender Mensch wird. Über die jeweilige Bedeutung der verschiedenen Faktoren wird im Rahmen der Anlage-Umwelt-Debatte bereits seit den Anfängen der (Entwicklungs-)Psychologie kontrovers diskutiert: Sind eher die natürlichen (biologischen, genetischen) oder die Umweltfaktoren (Sozialisation, Erziehung, Kultur) für die menschliche Entwicklung ausschlaggebend, welche Aspekte müssen darüber hinaus berücksichtigt werden und ist die Gegenüberstellung von Anlage und Umwelt überhaupt ein hilfreiches Denkmodell?

Die Anlage-Umwelt-Debatte ist allerdings älter als die (Entwicklungs-)Psychologie, systematisch lässt sich die Diskussion wiederum seit der Zeit der Europäischen Aufklärung verfolgen. So ist John Lockes (1962) Bild von der *tabula rasa* (vgl. Abschn. 1.1) sinnbildlich für die Vorstellung, dass es vorrangig äußere (Umwelt-)Faktoren sind, auf die menschliche Entwicklung zurückzuführen ist. Damit argumentierte er seinerzeit gegen eine Wissenschaftstradition, die – wesentlich vom französischen Philosophen und Naturwissenschaftler René Descartes geprägt – von dem Menschen innewohnenden, angeborenen ‚Ideen' als Antrieb für Entwicklung ausging. In dieser Tradition stand beispielsweise auch Jean Jaques Rousseau, der annahm, dass alle notwendigen Anlagen im Kind bereits vorhanden seien; jene müssten durch umsichtige Erziehung und Lernangebote lediglich zur Entfaltung gebracht werden (Montada 1982; Rousseau 1963). Diese gegensätzlichen Grundauffassungen prägen die Anlage-Umwelt-Kontroverse teilweise

1.3 Nature vs. Nurture: Welche Faktoren bewirken Entwicklung?

bis heute und lassen sich auch unschwer in den verschiedenen Bildungstheorien wiederfinden.

Die Idee innewohnender, angeborener Fähigkeiten erhielt im 19. Jahrhundert im Zusammenhang mit Genetik, Rekapitulations- und Evolutionstheorie einen starken Auftrieb. Die genetische Ausstattung wurde dabei nicht nur als Ursache menschlicher Entwicklung betrachtet, sondern auch als Erklärung für die offensichtlichen Unterschiede zwischen Menschen herangezogen. Diese Unterschiede zwischen Erwachsenen und Kindern, Männern und Frauen, geistig Gesunden und Kranken, Ober- und Unterschicht sowie zwischen Menschen in Europa und jenen in den Kolonien wurden nicht auf soziale und ökonomische Ungleichheiten oder kulturelle Unterschiede zurückgeführt, sondern mit Verweis auf die (ungünstigere) genetische Ausstattung, den (schlechteren) Grad der Anpassungsfähigkeit oder den (niedrigeren) Stand der phylogenetischen Entwicklung der Herkunftsgruppe dem Individuum selbst zugeschrieben (Jahoda 1999).

Sir Francis Galton (1822–1911)

Der Name des britischen Forschers Sir Francis Galton wird oft im Zusammenhang mit der modernen Anlage-Umwelt-Kontroverse genannt. Aus einer reichen Familie der britischen Oberschicht stammend (einer seiner Cousins war Charles Darwin), studierte er unter anderem Medizin und Mathematik, bevor er ausgiebige Reisen, u. a. in den Nahen Osten und verschiedene Regionen Afrikas, unternahm. Als freischaffender Wissenschaftler verfasste er diverse Arbeiten in einer Reihe von wissenschaftlichen Fachgebieten, wie Meteorologie, Statistik, Psychologie und Biologie. Stark beeinflusst von der Darwin'schen Evolutionstheorie und überzeugt davon, dass die Unterschiede zwischen den Völkern genetisch bedingt seien, befasste er sich intensiv mit der Frage, wie menschliche Eigenschaften weitergegeben und insbesondere, inwieweit diese vererbt werden. Hierfür erstellte er beispielsweise diverse Stammbäume herausragender Staatsmänner, Künstler und Wissenschaftler (allesamt männlich, weiß und der Oberschicht zugehörig) und versuchte auf dieser Basis in seinem 1869 erstmals erschienenen Werk *Hereditary genius. An inquiry into its laws and consequences* nachzuweisen, dass (vor allem geistige) Fähigkeiten vererbt werden. Im Zuge dessen stellte er auch Überlegungen darüber an, wie sich die ‚Rasse' quasi durch ‚Zucht' verbessern ließe, und führte hierfür den Begriff *Eugenik* ein. Ziel von Eugenik sollte die gezielte Reproduktion gewünschter und die Unterdrückung unerwünschter Eigenschaften sein, eine Vision, die bis weit in das 20. Jahrhundert hinein von namhaften Wissenschaftler/innen befürwortet und in diversen Ländern auch auf politischer Ebene zur Entscheidungsgrundlage (z. B. in der Immigrationspolitik) wurde[5]. Galton war sich der unzureichenden Datenlage für seine These von der Vererbung geistiger Fähigkeiten durchaus bewusst und begann, Zwillingsforschung zu betreiben. Daraus schloss er wiederum auf die Erblichkeit geistiger Fähigkeiten und begründete ein Forschungsfeld, das sich bis zum heutigen Tag – und dies nicht unumstritten – u. a. mit der Bedeutung der Gene für menschliche Fähigkeiten und Eigenschaften befasst. Auch seine einflussreichen Arbeiten auf dem Gebiet der Statistik sowie der Psychologie – hier vor allem seine umfangreichen Bemühungen, menschliche Fähigkeiten messbar zu machen – waren von seiner eugenischen Grundhaltung und den entsprechenden Fragestellungen beeinflusst (vgl. Danziger 1997; Galton 1869; Gould 2016; Grubitzsch 1999). ◄

Die sich gegen Ende des 19. Jahrhunderts etablierende neue Teildisziplin der Psychologie – die Entwicklungspsychologie – legte die zu jener Zeit erklärungsmächtigen biologischen Theorien, den eigenen Annahmen über universell gültige menschliche Entwicklungsverläufe und die Ursache interindividueller Unterschiede, zugrunde. Entsprechend einflussreich waren für viele Dekaden reifungstheoretische Entwicklungstheorien, die in der Entfaltung der (Erb-)Anlagen die Ursache von Entwicklungsprozessen sahen (vgl. Abschn. 1.3.1). Zugleich wurden diese immer auch infrage gestellt und über die damit verbundenen Auseinandersetzungen teilweise obsolet oder aber so modifiziert, dass Umwelteinflüsse mehr Berücksichtigung fanden. Ein starker Widersacher reifungstheoretischer Entwicklungsannahmen war der zu Beginn des 20. Jahrhunderts aufkommende Behaviorismus (vgl. Abschn. 1.3.2), der im genauen Gegensatz zu den Reifungstheorien den Fokus auf die Umwelteinflüsse bei der Betrachtung von Entwicklung legte. Zu diesem Gegensatz trat ab der Mitte des 20. Jahrhunderts die im Konstruktivismus (vgl. Abschn. 1.3.3) verankerte Auffassung, dass vor allem die aktive Auseinandersetzung des Individuums mit seiner Umwelt den Motor für Entwicklungsprozesse darstellt. Ab den 1970er Jahren nahmen dann interaktionistische Entwicklungsansätze (vgl. Abschn. 1.3.4) die Wechselwirkungen zwischen Umweltfaktoren und Individuum in den Blick.

Die genannten Positionierungen in der Anlage-Umwelt-Debatte werden im Folgenden genauer ausgeführt. Damit erfolgt zwar in Teilen auch eine historische

---

[5]In Deutschland wurde Eugenik als ‚Rassenhygiene' bezeichnet. In der Zeit des Nationalsozialismus führte deren zugespitzte rassistische Ideologie zur Euthanasie – zur Zwangssterilisierung s. g. ‚genetisch minderwertiger' Menschen und letztlich zu deren Ermordung.

Rekonstruktion der mit dieser Debatte verbundenen Entwicklungsauffassungen. Allerdings kann keinesfalls von der Ablösung einer Sichtweise durch die jeweils nächste oder gar bessere gesprochen werden. Vielmehr gab es über Dekaden hinweg nicht nur erbitterte Kontroversen zwischen den Vertreter/innen der jeweiligen Ansätze, sondern auch Auseinandersetzungen sowie Modifikationen und Weiterentwicklungen innerhalb der Richtungen. Hinzu kamen Arbeiten, die sich gegen die vorherrschenden Trends der wissenschaftlichen Diskussion ihrer Zeit stellten – z. B. Jean Piaget, der die Rolle des aktiven Subjekts im Entwicklungsprozess in den Mittelpunkt seines Entwicklungsmodells stellte (vgl. Abschn. 2.2) oder auch William Stern, der bereits zu Beginn des 20. Jahrhunderts neben dem Zusammenwirken von Anlage und Umwelt die Eigenaktivität der Person als bedeutsam hervorhob (vgl. Abschn. 4.2). Dies bedeutet auch, dass die Anlage-Umwelt-Debatte bis heute nicht abgeschlossen und vielleicht auch nicht abschließend zu klären ist. Möglicherweise bringt aber gerade diese Unabgeschlossenheit der Diskussionen um die Ursachen und Beschaffenheit menschlicher Entwicklung die notwendige Offenheit für den Einbezug zukünftiger Erkenntnisse mit sich.

1.3.1 Entwicklung durch Reifung

Reifungsorientierte Entwicklungstheorien werden auch als *endogenistische* Theorien bezeichnet, da ihnen die Annahme zugrunde liegt, dass Entwicklung ein aus dem Inneren des Organismus gesteuerter Entfaltungsprozess ist.

Endogenistische Entwicklungstheorien resultieren typischerweise in Phasenmodelle menschlicher Entwicklung, in denen die einzelnen Phasen mit den darin ablaufenden Entwicklungsprozessen bestimmten Altersspannen zugeordnet werden. Das vollständige Durchlaufen einer Phase schafft die Voraussetzung für die jeweils darauffolgende Phase, der Ablauf ist nicht veränderlich und auch unumkehrbar. Mit dem Erwachsenenalter tritt die ‚Reife' ein, die Entwicklung ist abgeschlossen. Für den Verlauf der Phasen, die als universell gültig angesehen werden, sind weder die Aktivität des sich entwickelnden Menschen noch Anstöße aus der Umwelt entscheidend. Der Umwelt kommt allerdings die Aufgabe zu, die Entfaltung der (Erb-)Anlagen durch entsprechende Angebote zu *ermöglichen*.

Bekannte Vertreter/innen endogenistischer Entwicklungstheorien sind die deutsch-amerikanische Entwicklungspsychologin Charlotte Bühler (1893–1974) und der amerikanische Pädagoge, Psychologe und Arzt Arnold Gesell (1880–1961).

Endogenistische Entwicklungstheorien wurden vor allem durch die Befunde der experimentellen Psychologie, nach denen sich Entwicklungsprozesse durchaus von außen *beeinflussen* lassen, herausgefordert. August Flammer kommt zu dem Schluss, dass sich die Theorien vor allem in ihrer extremen Form nicht bewährt haben. Zugleich zeigt er aber auch, wie reifungstheoretische Annahmen besonders im Bildungssystem bis ins späte 20. Jahrhundert hinein Entscheidungen beeinflussten. Zum anderen verdeutlicht er am Beispiel der Bindungstheorie, wie sich ursprünglich endogenistische Entwicklungstheorien unter dem Eindruck neuer Erkenntnisse veränderten (Flammer 2009; Schmidt 1970; Montada 1982; Bürmann und Herwartz-Emden 1993; Krettenauer 2014).

Bindungstheorie
Der britische Arzt und Psychiater John Bowlby entwickelte auf der Grundlage seiner Arbeit mit verlassenen und verwaisten Kindern im Verlauf und nach Ende des Zweiten Weltkriegs gemeinsam mit der amerikanischen Psychologin Mary Ainsworth die Bindungstheorie. In dieser Theorie wird die Beziehung zwischen Mutter und Kind (vor allem) während der ersten drei Lebensjahre als entscheidender Faktor für eine gesunde psychische Entwicklung des Kindes fokussiert. Im günstigsten Fall ist die Beziehung durch Fürsorge, Zuverlässigkeit und die prompte und adäquate Befriedigung der kindlichen Bedürfnisse gekennzeichnet. Unter dieser Voraussetzung, so die Bindungstheorie, entwickelt das Kind eine s. g. *sichere Bindung,* welche die Grundlage für Exploration und Lernen sowie die psychische Gesundheit ist. Viele Aspekte der Bindungstheorie sind empirisch belegt. Zudem veränderte der Fokus auf die Bedeutung verlässlicher Beziehungen im frühen Kindesalter den Umgang mit Kindern bei Krankenhausaufenthalten, Heimunterbringungen und im Rahmen von Sorgerechtsstreitigkeiten. Gleichwohl gingen in diese Theorie sehr spezifische Annahmen über Familienmodelle und Geschlechterrollen ein, beispielsweise betrachtete Bowlby einen Kindergartenbesuch, eine Berufstätigkeit der Mutter und auch die Betreuung des Kindes durch eine alleinerziehende Mutter als potenzielle Gefahr für die kindliche Entwicklung. Die Bedeutung von Vätern, Großeltern, Geschwistern und auch Erzieher/innen für Bindung und Bindungsverhalten wird überhaupt erst seit Ende des 20. Jahrhunderts untersucht. Die daraus resultierenden Befunde zeigen, dass Kinder zu verschiedenen Personen sehr differenzierte Bindungen aufbauen können und dass weder eine (hochwertige) Betreuung im Kindergarten oder durch andere Personen noch die Berufstätigkeit von Müttern per se zu einer problematischen Kindesentwicklung führen (Burman 2008; Flammer 2009; Grossmann und Grossmann 2012).

1.3.2 Entwicklung durch Umwelteinflüsse

Exogenistische Entwicklungstheorien sind im völligen Kontrast zu den endogenistischen Theorien durch eine vollständige Fokussierung auf äußere Umwelteinflüsse als Ursache von Lern- bzw. Entwicklungsprozessen gekennzeichnet.

1.3 Nature vs. Nurture: Welche Faktoren bewirken Entwicklung?

Exogenistische Theorien wurden durch die ab den 1920er Jahren in der Psychologie vorherrschende Konzeption des Behaviorismus und die damit einhergehende Priorisierung experimenteller Forschungsmethoden für viele Jahrzehnte zur dominierenden Perspektive auf menschliche Entwicklung (Flammer 2009; Krettenauer 2014; Montada 1982; Schmidt 1970).

Behaviorismus
In der ersten Hälfte des 20. Jahrhunderts wurde in weiten Teilen der US-amerikanischen Psychologie die Auffassung vertreten, menschliches Verhalten sei ausschließlich mit naturwissenschaftlichen Methoden zu erfassen. Damit setzten sich die Vertreter/innen des Behaviorismus dezidiert sowohl vom introspektiven Forschungsparadigma der europäischen Psychologie als auch der Psychoanalyse ab. Nach behavioristischer Auffassung sollte nur das beobachtbare Verhalten Gegenstand psychologischer Forschung sein, die Vorgänge im Organismus wurden, da diese nicht direkt beobachtbar waren, anderen Wissenschaftsdisziplinen ‚überlassen'. Menschliches Verhalten wurde als das Ergebnis von Umwelteinflüssen verstanden, das durch klassische oder operante Konditionierung gelernt und in Reiz-Reaktions-Schemata zergliedert werden kann. Bekannte Vertreter des Behaviorismus waren die amerikanischen Psychologen John B. Watson (1878–1958) und Burrhus F. Skinner (1904–1990) (ebd. sowie Kriz 2014).

Jegliche Vorstellungen, Eigenschaften, Fähigkeiten und Erkenntnisse und jede Veränderung der Person wird nach behavioristischer Auffassung durch Umweltfaktoren hervorgerufen – entweder indem der Mensch auf Umweltreize reagiert oder aber indem er durch spontanes Verhalten Reaktionen der Umwelt hervorruft – und durch Reiz-Reaktions-Folgen lernt. In dieser Perspektive ist menschliche Entwicklung nicht nur abhängig von der Umwelt, sondern kann durch diese auch gesteuert und kontrolliert werden. Der Begründer des Behaviorismus, John B. Watson (1970), ging beispielsweise davon aus, dass weder (geistige) Fähigkeiten noch Temperament oder Verhaltensmerkmale vererbt werden, und postulierte 1924 in seinem Manifest zum Behaviorismus, er könne aus jedem ihm zufällig überlassenen Kind unabhängig von dessen Herkunft einen beliebigen Spezialisten formen. Aus behavioristischen Entwicklungsannahmen resultieren keine strikten Phasenmodelle menschlicher Entwicklung. Diese wird eher als eine dauerhafte Abfolge von Lernprozessen verstanden, die zu einer immer besseren Anpassung des Individuums an seine Umwelt führt. Lebensphasen werden von Skinner und seinen Nachfolgern nur insofern näher bestimmt, als sich die Lebenskontexte, die Umwelten von kleinen und größeren Kindern, Jugendlichen und Erwachsenen und damit die jeweils relevanten Einflussfaktoren verändern (Flammer 2009; Krettenauer 2014; Montada 1982; Schmidt 1970). Auch wenn solche extremen exogenistischen Positionen mittlerweile als überholt gelten, lassen sich doch Anleihen an behavioristisches Denken immer dort finden, wo menschliches Verhalten (allein) auf bestimmte Umwelteinflüsse zurückgeführt wird (z. B., wenn wir in Computerspielen die Ursache für Lern- oder Verhaltensstörungen sehen). Andererseits sind beispielsweise therapeutische Programme zur Entwicklungsförderung, die auf jenen lerntheoretischen Annahmen basieren, darauf angewiesen, dass diese Maßnahmen einen Effekt haben, z. B. die Reduktion von Ängsten oder Lernschwierigkeiten. Solche Effekte sind in der Tat messbar, allerdings beziehen diese verhaltenstherapeutischen Programme über behavioristische Annahmen hinaus kognitive Theorien mit ein. Das bedeutet, dass Entwicklung, Lernen und Verhaltensänderungen nicht ausschließlich durch Reiz-Reaktions-Abfolgen, sondern nur unter Einbezug des Denkens, der Überzeugungen und der Wahrnehmungen der Menschen – eben ihrer kognitiven Fähigkeiten – zu verstehen und zu beeinflussen sind. Solche kognitiven Erweiterungen des behavioristischen Paradigmas führen ab den 1960er Jahren auch zu dessen Ablösung durch den Kognitivismus (ebd.).

1.3.3 Entwicklung durch Konstruktion

Konstruktivistische Entwicklungstheorien fokussieren im Gegensatz zu endo- und exogenistischen Konzepten weniger die Anlage oder die Umwelt, sondern stellen vielmehr die Rolle und Bedeutung des lernenden bzw. sich entwickelnden Subjekts selbst für seine Entwicklung in den Mittelpunkt. Mit der Betonung der Eigenaktivität des Individuums führen konstruktivistische Ansätze einen weiteren bedeutsamen Aspekt in die Anlage-Umwelt-Kontroverse ein.

Konstruktivismus
Mit diesem Begriff werden erkenntnistheoretische Strömungen bezeichnet, die bei aller Unterschiedlichkeit gemeinsam davon ausgehen, dass es keine außerhalb der Person liegende objektive Realität gibt, welche der Mensch dann erkennen kann, sondern dass diese s. g. Realität von den Menschen selbst hergestellt – konstruiert – wird. Konstruktivistische Ansätze fanden Eingang in die verschiedenen Sozialwissenschaften. Für die Psychologie betont z. B. Kenneth Gergen (1999) die Wichtigkeit von sozialen Beziehungen und Aushandlungs-

prozessen, in denen Menschen (gemeinsame) Bedeutungen herstellen, die unter anderem für das Verständnis der eigenen Person, dem ‚Selbst', konstitutiv sind.

Aus konstruktivistischer Perspektive sind die Aktivitäten, genauer die Aneignungsprozesse, die im Verlauf der aktiven Auseinandersetzungen des Subjekts mit seiner Umwelt auftreten, für die menschliche Entwicklung entscheidend: Das Subjekt erkennt und interpretiert diese Umwelt, nimmt es mit deren Anregungen und Anforderungen auf und entwickelt sich dadurch weiter. Die Umwelt bestimmt bzw. determiniert Entwicklung also nicht, sondern sie bietet nur Anreize, denen vom sich entwickelnden Subjekt in unterschiedlicher Weise begegnet wird. Beispielsweise könnten einige Schüler/innen einen stark strukturierten und durch strenge Regeln gekennzeichneten Unterricht als Herausforderung begreifen, während andere sich eingeschüchtert zurückziehen und wieder andere sich zu Regelbrüchen provoziert fühlen. Ebenso bringt das Subjekt die Anlagen zur Auseinandersetzung mit der Umwelt und zur Entwicklung mit, aber auch diese bestimmen den Entwicklungsprozess nicht in quasi vorherbestimmter Weise. So wird sich ein ängstliches Kind in der Unterrichtssituation zwar eher zurückhalten, kann aber in einem bewusst angstfrei gestalteten Lern- und Klassenklima dennoch die für Entwicklung und Lernen notwendigen Auseinandersetzungen bewältigen.

Aus konstruktivistischer Perspektive betreiben Subjekte ihren Entwicklungsprozess vorrangig selbst. Jede Erfahrung, die aus der Auseinandersetzung mit der Umwelt resultiert, führt zu einer Erweiterung der Handlungs- und Erkenntnismöglichkeiten und damit zu Entwicklung. Jean Piaget gilt als der bekannteste Vertreter einer konstruktivistischen Entwicklungsperspektive, sein Modell der kognitiven Entwicklung dürfte eines der einflussreichsten Entwicklungsmodelle überhaupt sein (Flammer 2009; Hoppe-Graff 2014 sowie Abschn. 2.2).

1.3.4 Entwicklung durch Interaktion

Dass neben dem aktiven Subjekt auch die Umwelt nicht nur – quasi statische – Anreize bietet, sondern ebenfalls aktiv ist und Veränderungen unterliegt (die nicht zuletzt durch die Aktivität des Subjekts erst angestoßen werden), ist der Ausgangspunkt interaktionistischer (auch *transaktional* genannter) Theorien menschlicher Entwicklung, die v. a. ab den 1970er Jahren an Bedeutung gewannen.

Interaktionistische Entwicklungsmodelle postulieren, dass Umwelt und Subjekt ein gemeinsames, dynamisches System bilden, weshalb sie auch als *systemische* Entwicklungsmodelle bezeichnet werden. In diesem System ziehen Veränderungen eines Aspekts (z. B. die Sprachfähigkeit des Kleinkindes) die Veränderungen anderer Aspekte nach sich (z. B. Veränderungen der familiären Kommunikation), die wiederum zurückwirken können (z. B. veränderte Interessen oder Affektregulation beim Kind). Für die Erfassung und das Verstehen menschlicher Entwicklung ist es daher nötig, einzelne Veränderungen immer im Kontext des gesamten Systems in den Blick zu nehmen. Beispielsweise ist davon auszugehen, dass Eltern ihre Kinder ebenso beeinflussen und verändern wie die Kinder ihre Eltern. Ein bedeutendes Beispiel für eine interaktionistische bzw. transaktionale Perspektive ist das ökosystemische Entwicklungsmodell von Urie Bronfenbrenner, das in Abschn. 2.3 vorgestellt wird (Berk 2020; Flammer 2009; Krettenauer 2014).

Mit der stärkeren Hinwendung zu den Wechselwirkungen zwischen den einzelnen Teilsystemen im menschlichen Entwicklungsprozess ist die Anlage-Umwelt-Debatte allerdings nicht beendet. Sie verlagert sich vielmehr quasi in die Theorien hinein, wenn beispielsweise Diskussionen darüber geführt werden, welchen Anteil die einzelnen Teilsysteme wohl jeweils an bestimmten Entwicklungsprozessen haben. Während für die Körpergröße oft zu lesen ist, sie sei zu etwa 80 % von den Genen und zu 20 % von der Umwelt beeinflusst (Kettenauer 2014), heißt es im Zusammenhang mit der menschlichen Intelligenz und hier auf der Basis von Zwillings- und Adoptionsstudien oft, sie sei zu jeweils 50 % von Genen und Umwelt bestimmt (Stern und Grabner 2014). Abgesehen davon, dass solche Angaben natürlich nicht additiv zu verstehen sind, sondern auch hier die Interaktion der jeweiligen Anteile entscheidend ist, stellt sich doch die Frage nach dem Sinn solcher numerischen Gewichtungen. Entsprechend konstatieren Montada et al. (2018): *„Die Frage nach den Gewichten [ist] in etwa so unsinnig, wie es unsinnig wäre, danach zu fragen, ob die Länge oder die Breite mehr zur Fläche beitragen"* (S. 42). Zudem kann die Frage nach dem jeweiligen Anteil der genetischen Anlagen an Merkmalsunterschieden, wenn überhaupt, nur für eine Population, nicht aber für Einzelpersonen, sinnvoll beantwortet werden. Auch muss sie für jede Population neu gestellt werden, Generalisierungen von einer Population auf eine andere sind nicht zulässig (ebd. sowie Flynn 2009). Die Anlage-Umwelt-Kontroverse im Zusammenhang mit den Fragen menschlicher Entwicklung ist also nach wie vor aktuell, jenseits konkreter Gewichtungen stehen aber mittlerweile eher Fragen danach im Mittelpunkt, welche Anteile wie und mit welchem Ergebnis miteinander agieren.

1.4 Zusammenfassung

Fazit

Der Begriff ‚Entwicklung' wird in verschiedenen wissenschaftlichen Disziplinen, in politischen und ökonomischen Zusammenhängen und im Alltag vielfach gebraucht. Meist werden damit Prozesse oder Veränderungen charakterisiert, die durch eine qualitative bzw. quantitative Zunahme oder auch die Herausbildung von etwas Neuem gekennzeichnet sind. Ein solches Verständnis von Entwicklung als Fortschritt bildete sich in der europäischen Geschichte in der Zeit der Aufklärung heraus und wurde ab dem 18. Jahrhundert von der Beschreibung und Bewertung gesellschaftlicher Veränderungen und Unterschiede auch auf die Individualentwicklung übertragen.

In die wissenschaftliche Erforschung menschlicher – zunächst v. a. kindlicher – Entwicklung wurden sowohl die Fortschrittsmetapher der Aufklärung übernommen als auch die biologischen Diskurse des 19. Jahrhunderts. Aus den enormen gesellschaftlichen Veränderungen in Europa zu jener Zeit resultierten zudem spezifische Fragestellungen im Hinblick auf die kindliche Entwicklung, für deren Beantwortung neue – meist an die Naturwissenschaften angelehnte – Methoden und Instrumente eingesetzt wurden.

Das damalige – heute traditionell genannte – Verständnis von menschlicher Entwicklung als stufen- oder phasenweise fortschreitender Prozess, der auf allgemeingültige Ziele zuläuft und der mit dem Ende des Jugendalters weitgehend abgeschlossen ist, wurde im Laufe des 20. Jahrhunderts mehr und mehr infrage gestellt. Die Ausweitung von Entwicklung über die gesamte Lebensspanne und vor allem die aktive Rolle des Subjekts bei seiner Entwicklung sind wesentliche Resultate dieser Hinterfragung und zugleich Kennzeichen eines modernen Entwicklungsverständnisses. Im Zusammenhang mit einer stärkeren Hinwendung zum sich entwickelnden Subjekt wurden auch die Methoden zur Erforschung von Entwicklung vielfältiger.

Definitionen von menschlicher Entwicklung sind entweder sehr allgemein oder erfordern umfangreiche Auseinandersetzungen. In jedem Fall muss beim Blick auf menschliche Veränderungsprozesse berücksichtigt werden, dass dieser Blick nie neutral oder objektiv erfolgt, sondern immer sozio-kulturell spezifische Normative beinhaltet.

Die wissenschaftlichen Diskussionen um menschliche Entwicklung wurden von Beginn an durch die Anlage-Umwelt-Kontroverse begleitet. Der Frage, welcher Aspekt die Entwicklung des Menschen vorrangig bestimmt, die biologischen Anlagen oder die Umwelteinflüsse, müssen sich alle Entwicklungstheorien stellen. Während endo- und exogenistische Theorien sich jeweils klar auf eine der beiden Seiten stellen, führen konstruktivistische Theorien das aktive Subjekt, das sich seine Umwelt aneignet, als eine bedeutsame Komponente in den Entwicklungsprozess ein. Trans- oder interaktionale bzw. systemische Modelle gehen noch einen Schritt weiter und nehmen eine wechselseitige Beeinflussung von Anlage, Umwelt und aktivem Subjekt an. ◄

1. In welchen Zusammenhängen sprechen Sie im Alltag von ‚Entwicklung', was genau ist jeweils damit gemeint und welche Alternativen lassen sich zum Entwicklungsbegriff finden?
2. Welche Aussagen über relevante Faktoren menschlicher Entwicklung sind in der unter 1.2 vorgestellten Arbeitsdefinition von Entwicklung enthalten?
3. Die Anlage-Umwelt-Debatte prägt die wissenschaftliche Diskussion zur menschlichen Entwicklung von Anbeginn. Welche Faktoren halten Sie mit Blick auf Ihre eigene Biografie für bedeutsam und in welche der beschriebenen Entwicklungstheorien lassen sich diese Annahmen einordnen?

Literatur

Ariès, P. (2000). *Geschichte der Kindheit*. München: Deutscher Taschenbuch Verlag (Erstveröffentlichung 1975).
Berk, L. E. (2020). *Entwicklungspsychologie* (7. Aufl.). Hallbergmoss: Pearson.
Burman, E. (1994). *Deconstructing developmental psychology* (1. Aufl.) London: Routledge.
Burman, E. (2001). Macht und Geschlechterverhältnisse im Entwicklungsdiskurs. *Forum Kritische Psychologie, 43,* 106–135.
Burman, E. (2008). *Deconstructing developmental psychology* (2. Aufl.). London: Routledge.
Bürmann, I., & Herwartz-Emden, L. (1993). Charlotte Bühler: Leben und Werk einer selbstbewußten Wissenschaftlerin des 20. Jahrhunderts. *Psychologische Rundschau, 44,* 2005–2225.
Danziger, K. (1997). *Naming the mind*. London: Sage.
Flammer, A. (2009). *Entwicklungstheorien. Psychologische Theorien der menschlichen Entwicklung.* (4. Aufl.). Bern: Hans Huber.
Flynn, J. R. (2009). *What's intelligence? Beyond the Flynn effect*. Cambridge: Cambridge University Press.
Galton, F. (1869). *Hereditary genius. An inquiry into its laws and consequences*. London: Macmillan and Co. https://galton.org/books/hereditary-genius/index.html. Zugegriffen: 29. Sept. 2020.
Gergen, K. J. (1999). *An invitation to social construction*. London: Sage.
Gould, S. J. (2016). *Der falsch vermessene Mensch*. Berlin: Suhrkamp (engl. Orig. 1982).

Literatur

Grubitzsch, S. (1999). *Testtheorie-Testpraxis. Psychologische Tests und Prüfverfahren im kritischen Überblick* (2. Aufl.). Eschborn: Dietmar Klotz.

Grossmann, K., & Grossmann, K. E. (2012). *Bindung – das Gefüge psychischer Sicherheit* (5. Aufl.). Stuttgart: Klett-Cotta.

Heinemann, R. (2016). *Das Kind als Person. William Stern als Wegbereiter der Kinder- und Jugendforschung 1900–1933.* Bad Heilbrunn: Julius Klinkhardt.

Hoppe-Graff, S. (2014). Denkentwicklung aus dem Blickwinkel des strukturgenetischen Konstruktivismus. In L. Ahnert (Hrsg.), *Theorien der Entwicklungspsychologie* (S. 148–173). Berlin: Springer VS.

Jahoda, G. (1999). *Images of savages. Ancient roots of modern prejudice in western culture.* London: Routledge.

Kessen, W. (1990). *The rise and fall of development.* Worcester: Clark University Press.

Kim, C.-W. (1997). *Baustein für einen Kulturpsychologischen Diskurs: Dekonstruktion des unilinearen Entwicklungsgedankens.* Berlin: Inauguraldissertation (Fachbereich Erziehungswissenschaft und Psychologie der Freien Universität Berlin).

Kleeberg-Niepage, A. (2007). *Kinderarbeit, Entwicklungspolitik und Entwicklungspsychologie. Arbeitende Kinder als Herausforderung für die universalisierte eurozentrische Konstruktion von Kindheit.* Hamburg: Dr. Kovač.

Kleeberg-Niepage, A. (2018). Is there such thing as development? Kritische Entwicklungspsychologie als Potential für eine interdisziplinäre Kindheits- und Jugendforschung. In A. Kleeberg-Niepage & S. Rademacher (Hrsg.), *Kindheits- und Jugendforschung in der Kritik. (Inter-)Disziplinäre Perspektiven auf zentrale Begriffe und Konzepte* (S. 3–28). Wiesbaden: VS-Verlag.

Kleeberg-Niepage, A. (2020). Recapitulation theory. In D. Cook (Hrsg.), *The SAGE Encyclopedia of children and childhood studies* (S. 1351–1353). London: Sage.

Krettenauer, T. (2014). Der Entwicklungsbegriff in der Psychologie. In L. Ahnert (Hrsg.), *Theorien der Entwicklungspsychologie* (S. 2–25). Berlin: Springer VS.

Kriz, J. (2014). *Grundkonzepte der Psychotherapie* (7. Aufl.). Weinheim: Belz.

Kotter, C. (2012). *Entdeckungsgeschichte frühkindlicher Reflexe: Unter Betrachtung der historischen Entwicklung der Reflexlehre.* Freiburg: Centaurus & Media UG.

Koselleck, R. (1994). Fortschritt. In O. Brunner, W. Conze, & R. Koselleck (Hrsg.), *Geschichtliche Grundbegriffe. Historisches Lexikon zur politisch-sozialen Sprache in Deutschland* (Bd. 2, S. 351–423). Stuttgart: Klett-Cotta.

Locke, J. (1962). *Gedanken über die Erziehung.* Bad Heilbrunn: Julius Klinkhardt (Orig. 1693).

Lück, H. E. (2013). *Geschichte der Psychologie. Strömungen, Schulen, Entwicklungen.* (6. Aufl.) Stuttgart: Kohlhammer.

Mey, G. (2005a). *Forschung mit Kindern – Zur Relativität von kindangemessenen Methoden. Handbuch qualitative Entwicklungspsychologie* (S. 151–183). Köln: Kölner Studien Verlag.

Mey, G. (2018). Entwicklungspsychologie der Kindheit und New Childhood Studies als Forschung „aus der Perspektive von Kindern": Ansätze, Abgrenzungen, Annäherungen. In A. Kleeberg-Niepage & S. Rademacher (Hrsg.), *Kindheits- und Jugendforschung in der Kritik. (Inter-)Disziplinäre Perspektiven auf zentrale Begriffe und Konzepte* (S. 227–250). Wiesbaden: VS Verlag.

Mizen, P., & Ofusu-Kusi, Y. (2013). A talent for living: Exploring Ghana's 'new' urban childhood. *Children & Society, 27,* 13–23.
Montada, L. (1982). Themen, Traditionen, Trends. In R. Oerter & L. Montada (Hrsg.), *Entwicklungspsychologie* (S. 3–88). München: Urban & Schwarzenberg.
Montada, L., Lindenberger, U., & Schneider, W. (2018). Fragen, Konzepte, Perspektiven. In W. Schneider & U. Lindenberger (Hrsg.), *Entwicklungspsychologie.* (8. Aufl.). Weinheim: Beltz.
Nsamenang, A. B. (1992). *Human development in cultural context: A third world perspective*. Newbury Park: Sage.
Pfeifer, W. (1993). Entwicklung. In W. Pfeifer (Hrsg.), Etymologisches Wörterbuch des Deutschen. Digitalisierte überarbeitete Version im Digitalen Wörterbuch der deutschen Sprache. https://www.dwds.de/wb/Entwicklung. Zugegriffen: 18. Aug. 2020.
Pinquart, M., Schwarzer, G., & Zimmermann, P. (2019). *Entwicklungspsychologie des Kindes- und Jugendalters.* (2. Aufl.). Göttingen: Hogrefe.
Postman, N., & (1989). *Das Verschwinden der Kindheit.* Frankfurt a. M.: Fischer. (engl. Orig. 1982).
Rousseau, J. J. (1963). *Emile oder über die Erziehung.* Stuttgart: Reclam (Orig. 1762).
Rose, N. (1985). *The psychological complex. Psychology, politics and society in England 1869–1939.* London: Routledge & Kegan Paul.
Schmidt, H.-D. (1970). *Allgemeine Entwicklungspsychologie.* Berlin: Deutscher Verlag der Wissenschaften.
Stern, E., & Grabner, R. H. (2014). Die Erforschung menschlicher Intelligenz. In L. Ahnert (Hrsg.), *Theorien der Entwicklungspsychologie* (S. 174–201). Berlin: Springer VS.
Tiedemann, D. (1787). Beobachtungen über die Entwicklung der Seelenfähigkeit bei Kindern. In *Hessische Beiträge zur Gelehrsamkeit und Kunst II*. Frankfurt a. M.
Twum-Danso, A. (2009). Reciprocity, respect and responsibility: The 3Rs underlying parent–child relationships in Ghana and the implications for children's rights. *The International Journal of Children's Rights, 17*(3), 415–432.
Twum-Danso, A. (2013). Children's perceptions of physical punishment in Ghana and the implications for children's rights. *Childhood, 20*(4), 472–486.
Watson, J. B. (1970). *Behaviorism*. New York: Norton & Company (Orig. 1924).
Wieland, W. (1994). Entwicklung. In O. Brunner, W. Conze, & R. Koselleck (Hrsg.), *Geschichtliche Grundbegriffe. Historisches Lexikon zur politisch-sozialen Sprache in Deutschland.* (Bd. 2, S. 199–228). Stuttgart: Klett-Cotta.

Weiterführende Literatur

Jahoda, G. (1999). *Images of savages. Ancient roots of modern prejudice in western culture.* London: Routledge. *(Gustav Jahoda zeigt in seinem Werk, wie bestimmte sozial und historisch spezifische Annahmen und Vorurteile über den Menschen ihren Weg in die wissenschaftlichen Modelle von Anthropologie, Soziologie und Psychologie fanden. Eine besondere Bedeutung bekamen hierbei ab der Mitte des 19. Jahrhunderts Vergleiche zwischen erwachsenen Menschen und Kindern. Diese machen sowohl die solchen Vergleichen zugrunde liegenden biologistischen und rassistischen Überzeugungen der Forschenden deutlich als auch die Interessen, die hinter der Erforschung der kindlichen Entwicklung jeweils standen und bis heute stehen).*

Holzkamp, K. (1995). *Lernen. Subjektivwissenschaftliche Grundlegung*. Frankfurt a. M.: Campus. *(Klaus Holzkamp re-interpretiert in diesem Werk die theoretischen Grundlagen behavioristischer, kognitiver und sozialer Lerntheorien. Anhand verschiedener Beispiele, die meist den untersuchten Paradigmen selbst entstammen, zeigt er, wie die Subjekte mit ihren Erwartungen und Handlungsbegründungen beständig ausgeklammert werden (müssen), um überhaupt von ‚Verstärkungslernen' oder ‚Lernen am Modell' sprechen zu können. Die Beschäftigung mit Holzkamps Re-Interpretationen und den darüber hinaus in diesem Werk dargelegten Alternativen sowie seiner Kritik an der Institution Schule eröffnet die Chance, pädagogische Situationen weniger als Belehrungssituationen, sondern vielmehr als soziale Interaktionen zu verstehen und auch zu gestalten).*

Theorien menschlicher Entwicklung 2

▶ Für die Beschreibung und Erklärung menschlicher Entwicklung liegen diverse Theorien vor, die sich vor dem Hintergrund sehr verschiedener Grundannahmen mit der Frage befassen, welche Prozesse und Einflussfaktoren maßgeblich dafür verantwortlich sind, dass aus einem nicht allein lebensfähigen Säugling ein erwachsener Mensch wird, der für sich selbst und andere sorgen sowie gesellschaftliche und kulturelle Normen weitergeben und verändern kann. Die verschiedenen Theorien unterscheiden sich hinsichtlich ihrer Aussagen zu den Ursachen und dem Verlauf von Entwicklung, in ihrer Verankerung im traditionellen oder modernen Entwicklungsdenken und letztlich im Verständnis von Entwicklung selbst. Zudem fokussieren die Theorien nicht die gesamte Entwicklung, sondern bestimmte Bereiche, beispielsweise die Entwicklung der Persönlichkeit oder der höheren mentalen Funktionen (wie Kognitionen oder Sprache), weshalb sie trotz aller Unterschiede und verschiedener Entstehungszeiträume auch gleichermaßen aktuell und bedeutsam sein können. In diesem Kapitel werden drei ausgewählte und sehr unterschiedliche Perspektiven auf die menschliche Entwicklung vorgestellt und bezüglich ihrer Bedeutung – sowohl im historischen Kontext als auch für die gegenwärtige Betrachtung – diskutiert. Mit Bezug auf spezifische ‚Fälle' erfolgt jeweils zunächst die Darstellung einer insofern besonders bedeutsamen Theorie, als diese zur Zeit ihrer Entstehung das vorherrschende Forschungsparadigma überschritten und bis heute einen wichtigen Bezugspunkt für die weitere Theoriebildung ist – für Letztere wird anschließend je ein Beispiel vorgestellt. Die vorgenommene Auswahl soll die Bandbreite von Entwicklungstheorien hinsichtlich ihrer Grundannahmen sowie ihrer wissenschaftlichen und praktischen Bedeutung veranschaulichen.

2.1 Die Entwicklung der Persönlichkeit aus psychoanalytischer Perspektive

Psychoanalytische Theorien werden in der akademischen Psychologie jenseits der klinischen Psychologie und disziplingeschichtlicher Darstellungen oft nur am Rande erwähnt. Dies trifft – abgesehen von einer recht breiten Rezeption des Modells der psychosozialen Entwicklung von Erik Erikson (vgl. Abschn. 2.1.4) – auch für die meisten psychoanalytisch inspirierten Überlegungen zu menschlicher Entwicklung zu. Über die historische Bedeutung und die klinisch-psychotherapeutische Arbeit hinaus ist die Auseinandersetzung gerade mit dem Modell der psychosexuellen Entwicklung von Sigmund Freud jedoch nach wie vor gewinnbringend. Zum einen lenkt sie den Fokus auf die Bedeutung der kindlichen Sexualität und ungelöster Konflikte für die (psychische) Entwicklung und zum anderen wird der spezifische Einfluss gesellschaftlicher Faktoren auf wissenschaftliches Arbeiten – zumal bei der Erforschung des Kindes – zu Beginn des 20. Jahrhunderts deutlich.

2.1.1 Sigmund Freud und der kleine Hans

Beispiel

„Geehrter Herr Professor! Ich sende Ihnen wieder ein Stückchen Hans, diesmal leider Beiträge zu einer Krankengeschichte. Wie Sie daraus lesen, hat sich bei ihm in den letzten Tagen eine nervöse Störung entwickelt, die mich und meine Frau sehr beunruhigt, weil wir kein Mittel zu ihrer Beseitigung finden konnten. Ich erbitte mir die Erlaubnis, Sie morgen … zu besuchen, habe Ihnen aber das verfügbare Material schriftlich aufgezeichnet. Sexuelle Übererregung seitens der Mutter hat wohl den Grund gelegt, aber den Erreger der Störung weiß ich nicht anzugeben. Die Furcht, *daß ihn auf der Gasse ein Pferd beißen werde,* scheint irgendwie damit zusammenzuhängen, daß er durch einen großen Penis geschreckt ist – den großen Penis des Pferdes hat er, wie Sie aus einer früheren Aufzeichnung wissen, schon zeitig bemerkt, und er hat damals den Schluss gezogen, daß Mama, weil sie so groß ist, einen Wiwimacher haben müsse wie Pferd. Brauchbares weiß ich damit nicht anzufangen. Hat er irgendwo einen Exhibitionisten gesehen? Oder knüpft das Ganze nur an die Mutter an? Es ist uns nicht angenehm, daß er jetzt schon anfängt, Rätsel aufzugeben. Abgesehen von der Furcht, auf die Gasse zu gehen, und der abendlichen Verstimmung ist er übrigens ganz der Alte, lustig, heiter" (Freud 2000a/ Orig. 1909, S. 26, Hervorhebung im Original). ◄

Im Jahr 1908 schrieb der Vater des kleinen Hans den oben stehenden Brief an den Wiener Arzt und Begründer der Psychoanalyse Sigmund Freud (1856–1939), in dem er ein jüngst aufgetretenes Problem seines 5-jährigen Sohnes schildert, nämlich eine bis dahin unbekannte und starke Angst des kleinen Hans vor Pferden, wegen der er sich weigert, auf die Straße zu gehen. 1909 veröffentlichte Freud seine *Analyse der Phobie eines fünfjährigen Knaben* (vgl. Freud 2000a), die er weitgehend auf der Basis der schriftlichen Dokumentation des Vaters über Hans' Verhalten seit dessen drittem Lebensjahr ausarbeitete und die der Vater selbst – im Übrigen mit Erfolg (Hans verlor die Angst vor Pferden) – durchführte.

Für Freud ging aus den Beobachtungen des kleinen Hans klar hervor, „daß das Bild des kindlichen Sexuallebens […] in sehr guter Übereinstimmung mit der Schilderung steht, die ich in meiner Sexualtheorie nach den psychoanalytischen Untersuchungen an Erwachsenen gewonnen habe" (ebd., S. 89). In seiner Analyse des Falls steht die kindliche Sexualität denn auch im Mittelpunkt, besonders das mit der Geburt von Hans' Schwester[1] aufkommende Interesse an Genitalien und Sexualität, seine Eifersucht und Feindseligkeit ihr gegenüber aber vor allem auch jene gegenüber seinem Vater: „Er ist wirklich ein kleiner Ödipus, der den Vater ‚weg', beseitigt haben möchte, um mit der schönen Mutter allein zu sein" (ebd., S. 96).

Der Fokus auf Genitalien und Sexualität bei der Beschreibung eines Fünfjährigen sowohl in den Darstellungen des Vaters als auch in Freuds Analyse sowie der Umstand, dass diese Analyse weitgehend ohne direkten Kontakt zum Kind auskam, mögen auch aus heutiger Perspektive ungewöhnlich erscheinen. Zu Beginn des 20. Jahrhunderts allerdings war die offene Thematisierung der menschlichen und gerade auch der kindlichen Sexualität ein skandalträchtiges Novum, das für Aufsehen sorgte und Freud neben einer beachtlichen Anhängerschaft auch zahlreiche Anfeindungen eintrug. Zu jener Zeit orientierte sich die Medizin stark an mechanistischen Krankheitsmodellen und die junge Disziplin der Psychologie war vor allem durch experimentelle Ansätze gekennzeichnet.

---

[1] Diese wurde geboren, als Hans 3,5 Jahre alt war.

Freuds Fokus auf klinische Phänomene sowie die Sexualität, das Postulat eines Zusammenhangs zwischen Erlebnissen in der Kindheit und psychischen Krankheiten im Erwachsenenalter sowie zwischen körperlichen und psychischen Phänomenen und auch sein methodisches Vorgehen sind in diesem historischen Kontext als außergewöhnlich zu bezeichnen.

Freud, der die Psychoanalyse sowohl als Theorie der Funktionsweise der menschlichen Psyche (Freud 2000b/Orig. 1923) als auch als Behandlungsform für verschiedene psychische Störungen (Freud 2000c[2]) sowie als eine Kulturtheorie (Freud 2000d[3]) verstand, war weder Entwicklungspsychologe noch hat er selbst mit Kindern psychoanalytisch gearbeitet[4]. Sein Interesse an der kindlichen Entwicklung galt vielmehr der Bestätigung seiner bereits vorliegenden Sexualtheorie, die er auf der Basis seiner psychoanalytischen Arbeit mit Erwachsenen und deren Erinnerungen ausgearbeitet hatte. Hierbei spielte die infantile Sexualität, *„in deren Komponenten er die Triebkräfte aller neurotischen Symptome des späteren Lebens"* (Freud 2000a, S. 13) sah, eine entscheidende Rolle. Um dafür Belege zu sammeln, *„pflege ich meine Schüler und Freunde seit Jahren anzueifern, daß sie Beobachtungen über das zumeist geschickt übersehene oder absichtlich verleugnete Sexualleben der Kinder sammeln mögen"* (ebd., S. 14). Diesem Auftrag kamen die Eltern von Hans nach und übersandten Freud ungefähr ab Hans' drittem Geburtstag regelmäßig Berichte zu dessen Verhalten und Gesprächsprotokolle.

Kindliche Entwicklung war für Freud somit vorrangig hinsichtlich der Entstehung der erwachsenen Persönlichkeit und der Voraussetzungen für eine gesunde Persönlichkeitsentwicklung von Interesse. In seinem Modell der psychosexuellen Entwicklung (vgl. Abschn. 2.1.2) wird die Bedeutung der kindlichen Sexualität für die psychische Entwicklung stark betont. Danach muss sich der heranwachsende Mensch von der Geburt bis zum Ende der Pubertät sowohl den eigenen Trieben als auch kulturellen Anforderungen stellen und die damit verbundenen Konflikte lösen. Triebe lassen sich hier als aus dem Körperinneren stammende Bedürfnisse verstehen, die nach Befriedigung streben. Dieser stehen aber meist die – von den Eltern vertretenen – gesellschaftlichen und kulturellen

---

[2]Dieser Sammelband enthält verschiedene *Schriften zur Behandlungstechnik* von Freud von 1890 bis 1938.
[3]Dieser Sammelband enthält verschiedene Schriften zu *Fragen der Gesellschaft. Ursprünge der Religion* von Freud von 1908 bis 1938.
[4]Die Kinderpsychoanalyse wurde später beispielsweise von Anna Freud und Melanie Klein (durchaus sehr unterschiedlich) ausgearbeitet.

Normen im Wege, daher muss das *Ich* Wege (z. B. Projektion oder Identifikation) zu einer sozial akzeptablen Triebbefriedung finden (vgl. Datler und Wininger 2014; Flammer 2009; Kriz 2014; List 2009). Das *Ich* stellt neben dem *Es* und dem *Über-Ich* eine von drei s.g. Instanzen des Freud'schen Strukturmodells der Persönlichkeit dar.

Im psychoanalytischen Strukturmodell der Persönlichkeit unterscheidet Freud drei Instanzen: Das Es, das Ich und das Über-Ich. Im Es wirken die ursprünglichen, nicht sozialisierten, biologischen Triebe – die basalen Grundbedürfnisse des Menschen, welche auf unverzügliche Befriedigung drängen. Da dies zu ständigen Konflikten mit der Außenwelt führen würde, wirken die beiden anderen Instanzen korrigierend auf das Es ein. Das Über-Ich umfasst die Normen und Werte der Gesellschaft bzw. im Kindesalter vorrangig die der Eltern. Sind die Normen und Werte und die damit verbundenen Gebote und Verbote zunächst Teil der Außenwelt, werden sie im kindlichen Entwicklungsverlauf Teil der Innenwelt der Person. Zwischen dem Es und dem Über-Ich fungiert das Ich als Entscheidungsinstanz. Das Ich muss unter Rücksicht auf die Beschränkungen des Über-Ichs den Impulsen des Es zu einer sozial adäquaten Befriedung verhelfen. Am Anfang des Lebens, im Säuglingsalter, steht das Kind vollständig unter dem Einfluss des Es. Im Entwicklungsverlauf kommen das Ich und das Über-Ich hinzu, was eine bewusste Kontrollierbarkeit des Verhaltens ermöglicht (vgl. Datler und Wininger 2014; Flammer 2009; Kriz 2014; List 2009; sowie Freud 2000b).

In diesem Modell wird die Spannung zwischen den biologischen und den umweltbedingten Einflussfaktoren für die menschliche Entwicklung deutlich. In deren Verlauf muss das Kind diese gegensätzlichen Einflüsse zunehmend ausbalancieren – ein starkes Ich ausbilden –, um zu einer gesunden Persönlichkeit heranzuwachsen.

2.1.2 Die psychosexuelle Entwicklung nach Freud

Beispiel

„Etwa im gleichen Alter (3 ½ Jahre) ruft er in Schönbrunn vor dem Löwenkäfig freudig erregt aus: ‚Ich hab' den Wiwimacher vom Löwen gesehen'. […] Er sieht auf dem Bahnhofe, 3 ¾ Jahre alt, wie aus einer Lokomotive Wasser herausgelassen wird. ‚Schau, die Lokomotive macht Wiwi. Wo hat sie denn den Wiwimacher?' […] Papa, hast Du auch einen Wiwimacher?'" (Freud 2000a, S. 16). ◄

Freuds Modell der psychosexuellen Entwicklung rückt nacheinander verschiedene Körperregionen in den Fokus. In diesen Regionen wird Triebenergie

(Libido) produziert und sie dienen in einer spezifischen Abfolge als erogene Zonen. Bei der folgenden Darstellung des Modells ist zu beachten, dass bei Freud der Begriff ‚sexuell' nicht nur auf ‚genital' reduziert ist, sondern jeden Lustgewinn aus den Körperregionen einbezieht (Freud 2000a; Datler und Wininger 2014; Flammer 2009; Kriz 2014; List 2009).

Orale Phase (1. Lebensjahr)
Zentrale Körperregion der oralen Phase ist der Mund. Über diesen werden durch die Atmung und besonders die durch Nahrungsaufnahme der Kontakt zur Mutter bzw. zur äußeren Welt hergestellt. Werden die damit verbundenen Bedürfnisse befriedigt, kann das Kind ein Ur-Vertrauen dahin gehend ausbilden, dass diese Befriedigung auch zukünftig erfolgen wird (ebd.).
Vom kleinen Hans liegen aus dieser Phase keine Berichte vor.
Anale Phase (2.–3. Lebensjahr)

Beispiel

„Hans: ‚Vormittag war ich mit allen meinen Kindern auf dem Klosett. Zuerst hab' ich Lumpf gemacht und Wiwi und sie haben zugeschaut. Dann hab' ich sie aufs Klosett gesetzt und sie haben Wiwi und Lumpf gemacht und ich hab' ihnen den Podl mit Papier ausgewischt. […]'" (Freud 2000a, S. 86). ◄

In der analen Phase entwickelt das Kind die Kontrolle über seine Ausscheidungsfunktionen, die für diese Entwicklungsphase zentrale Körperregion ist somit der Analbereich. Die Ausscheidungen und die zunehmende Fähigkeit, diese willentlich zurückzuhalten und zu steuern, werden vom kleinen Kind als lustvoll erlebt, es erfährt Autonomie und Selbstständigkeit (was durch den größer werdenden eigenen Bewegungsradius sowie die zunehmende Sprachfähigkeit verstärkt wird). Die im Rahmen der Sauberkeitserziehung an das Kind gestellten Erwartungen hinsichtlich der Ausscheidungen können zu Konflikten führen, die durch das Erleben von Autonomie und Unterwerfung (unter das Regime der Eltern, auf deren liebevolle Fürsorge das Kind angewiesen ist) gekennzeichnet sind (vgl. Datler und Wininger 2014; Flammer 2009; Kriz 2014; List 2009; sowie Freud 2000b).

Beispiel

Freud (2000a) deutet das obige Beispiel als Reminiszenz an Hans' eigene Lustempfindungen, die er in der analen Phase während der Kinderpflege (durch seine Mutter) empfand. ◄

2.1 Die Entwicklung der Persönlichkeit ...

Phallische (auch: ödipale bzw. infantil-genitale) Phase (4.–5. Lebensjahr)
In dieser Phase wird die genitale Zone bedeutsam. Freud selbst hat sich bei der Beschreibung dieser Phase vorrangig auf den Knaben und das männliche Genital konzentriert. Der Junge, der sein Genital als vollständig wahrnimmt, entwickelt bei der Entdeckung des anatomischen Geschlechtsunterschieds die Phantasie, auch Mädchen könnten einen Penis gehabt, diesen aber verloren haben. Damit verbunden entsteht auch die Befürchtung, den eigenen Penis zu verlieren (Kastrationsangst). Dass diese Befürchtung nicht nur der Phantasie des Kindes entspringt, sondern auch auf handfeste Drohungen zurückgehen kann, zeigt sich beim kleinen Hans:

> **Beispiel**
>
> „Im Alter von 3,5 Jahren wird er von der Mutter, die Hand am Penis, angetroffen. Diese droht: ‚Wenn Du das machst, lass' ich den Dr. A. kommen, der schneidet dir den WiWimacher ab. Womit wirst du dann WiWi machen?'" (Freud 2000a, S. 15). ◄

Zentral ist in dieser Phase der Ödipuskomplex. Damit bezeichnete Freud die Phantasie des Knaben, in der dieser die eigene Mutter begehrt und dafür den väterlichen Rivalen aus dem Weg räumen will. In dem daraus resultierenden Konflikt konkurriert der Junge mit dem Vater um die Aufmerksamkeit der Mutter. Wegen dessen körperlicher Überlegenheit entwickelt der Junge die Angst, zur Strafe für sein Begehren kastriert zu werden. Für Mädchen, die in dieser Phase mit der Mutter um die Zuneigung des Vaters rivalisieren, formulierte C. G. Jung (1913) komplementär den Elektrakomplex, eine Analogie, die Freud nicht akzeptierte (2000e/Orig. 1931). Einigkeit herrschte aber bei Freud und Jung bezüglich der potenziellen Konflikthaftigkeit dieser Entwicklungsphase für Mädchen und Jungen. Der Konflikt kann gelöst werden, wenn das Kind in der Auseinandersetzung mit dem gesellschaftlichen Inzesttabu, aus Angst vor Bestrafung und infolge seines körperlichen Unvermögens sein Begehren aufgibt, die Geschlechterdifferenz, den Generationenunterschied und das Tötungsverbot anerkennt und sich letztlich mit dem gleichgeschlechtlichen Elternteil identifiziert. Freud betrachtete die Überwindung des Ödipuskomplexes auch als den Beginn der Bildung des Über-Ichs (Freud 2000b; Datler und Wininger 2014; Flammer 2009; Kriz 2014; List 2009).

> **Beispiel**
>
> Auch bei der Analyse des kleinen Hans spielt der Ödipuskomplex eine zentrale Rolle. In der Freud'schen Deutung steht die Pferdephobie, genauer

die Angst des Jungen, das Pferd könne ihn beißen oder aber tot umfallen, symbolisch für die Angst vor der Strafe des Vaters und den eigenen Wunsch, der Vater möge sterben. Indem Hans diese Deutung seiner Ängste akzeptiert, gelingt ihm die Bewältigung des ödipalen Konflikts, die Symptome verschwinden und die Analyse wurde beendet (Freud 2000a). ◄

Latenzphase (ab 6. Lebensjahr bis zur Pubertät)
In dieser – vergleichsweise ruhigen – Phase werden die sexuellen Triebe übergangsweise verdrängt, im Zentrum steht nun die geistige Entwicklung des Kindes. Ebenso bildet sich das Über-Ich als Gewissensinstanz weiter aus, was die Triebbeherrschung unterstützt. Zudem eignet sich das Kind soziale Werte und Fähigkeiten an. Dies geschieht auch außerhalb der Familie über den Umgang mit Gleichaltrigen.

Genitale Phase/Adoleszenz (ab Pubertät)
Mit der Pubertät treten die sexuellen Triebe wieder hervor und richten sich nun – unter der Voraussetzung, dass der ödipale Konflikt zuvor gelöst wurde – auf einen gegengeschlechtlichen Partner außerhalb der Familie (reife Sexualität). Eventuelle Schwierigkeiten und ungelöste Konflikte früherer Entwicklungsphasen werden in der Adoleszenz erneut aktuell und wirken nun im Körper eines Erwachsenen. Diese Schwierigkeiten und der jetzt virulente Generationenkonflikt, die Bewältigung des eigenen Abschieds von der Kindheit mit den Eltern als primären Liebesobjekten und die Aufgabe, einen Platz in der Welt der Erwachsenen zu finden, führen zu den typischen Verunsicherungen und Ängsten in dieser Lebensphase. Jene ist somit von (potentiellen) Krisen gekennzeichnet, allerdings sieht Freud die Adoleszenz auch als Chance, zuvor ungelöste Konflikte zu lösen (vgl. ausführlich dazu Seiffge-Krenke 2014).

Beispiel

In einer aus dem Jahr 1922 stammenden Nachschrift über einen Besuch des inzwischen erwachsenen Hans schreibt Freud: *„Der kleine Hans war jetzt ein stattlicher Jüngling von 19 Jahren. Er behauptete, sich durchaus wohl zu befinden und an keinerlei Beschwerden oder Hemmungen zu leiden. Er war nicht nur ohne Schädigung durch die Pubertät gekommen, sondern hatte auch eine der schwersten Belastungsproben für sein Gefühlsleben gut bestanden. Seine Eltern hatten sich geschieden und jeder Teil eine neue Ehe geschlossen. Er lebe infolgedessen allein, stehe aber mit beiden Eltern gut und bedaure nur, daß er durch die Auflösung der Familie von seiner lieben jüngeren Schwester getrennt worden sei"* (Freud 2000a, S. 123). ◄

2.1.3 Menschliche Entwicklung nach Freud: Bedeutung und Einordnung

Die vom Vater dokumentierten Beobachtungen des kleinen Hans weckten in Freud die Erwartung, *„daß vieles, wenn nicht das meiste, was uns der kleine Hans zeigt, sich als typisch für die Sexualentwicklung des Kindes herausstellen wird"* (Freud 2000a, S. 14). Dabei war ihm die – damals wie heute oft kritisierte – Besonderheit seines Datenmaterials, als vom Kindsvater niedergeschriebener Bericht, der einen bestimmten Fokus (sexuelle Wünsche des Kindes) hat und zudem zeigt, wie der Vater Hans instruktiv zu diesen Wünschen befragt oder auch ihm diese überhaupt erst nahelegt, bewusst. Jedoch schmälert dies für ihn keineswegs den Erkenntniswert, denn *„Eine Psychoanalyse ist eben keine tendenzlose wissenschaftliche Untersuchung, sondern ein therapeutischer Eingriff; sie will an sich nichts beweisen, sondern nur etwas ändern"* (ebd., S. 91). Darin zeigt sich das vorrangig klinische Interesse, mit dem Freud auf den kleinen Hans und auf die kindliche Entwicklung blickte.

Die Analyse des kleinen Hans und Freuds Modell der psychosexuellen Entwicklung geben sowohl Aufschluss über Freuds Entwicklungsverständnis als auch über den Blick auf Kindheit zu Beginn des 20. Jahrhunderts.

In Freuds Modell wird deutlich, wie eng für ihn kindliche Entwicklungsprozesse mit dem familiären und kulturellen Kontext verwoben sind. Bestimmte Fürsorge-, Pflege- und Erziehungspraktiken, die vom soziokulturellen Rahmen beeinflusst und von den Eltern auf eine je eigene Art und Weise umgesetzt werden, treffen auf spezifische kindliche Bedürfnisse. Die aus diesen Interaktionen resultierenden Erfahrungen, Auseinandersetzungen und innerpsychischen Konflikte treiben die kindliche Entwicklung an. Obwohl Freud von biologischen Reifungsprozessen und damit verbundenen typischen, an ein bestimmtes Lebensalter gebundenen Entwicklungsphasen ausging, ist in seinem Modell das soziokulturelle Umfeld des Kindes mitentscheidend dafür, ob die Phasen der psychosexuellen Entwicklung und die in ihnen angelegten potenziellen Konflikte gelöst werden können. Eine solche Lösung ist allerdings elementar, da sonst im späteren (Erwachsenen-)Leben psychische Störungen (Neurosen) drohen – eine Annahme, die bis in die Gegenwart für die psychoanalytische Therapie von großer Bedeutung ist.

Das bei Freud konzipierte Zusammenwirken biologischer, soziokultureller und innerpsychischer Faktoren im Entwicklungsprozess war neu und innovativ und wird daher heute auch als Vorwegnahme eines systemischen Entwicklungsdenkens verstanden (vgl. hierzu Flammer 2009). Obgleich sein Modell mit dem Ende der Pubertät endet und damit klar in den Bereich traditioneller

Entwicklungsvorstellungen fällt, betont List (2009, S. 164), dass für ihn Entwicklung zumindest insofern bereits einen lebenslangen Prozess darstellte, als kein Erleben, keine Erfahrung ‚verloren' geht, sondern mindestens im Unbewussten erhalten bleibt und jederzeit aktuell werden kann.

Freud thematisierte als einer der ersten Psychologen kindliches *Erleben*. Er ging zwar von einer universellen Gültigkeit seines Modells aus, integrierte und theorisierte selbst allerdings vor allem Erfahrungen von Menschen aus der Oberschicht zu Beginn des 20. Jahrhunderts. Die Analyse des kleinen Hans lässt sich daher auch als eine Beschreibung der Position des Kindes zu jener Zeit in dieser Schicht lesen. Dass es dem Vater unangenehm ist, bei seinem fünfjährigen Sohn vor einem Rätsel zu stehen (s. o.) und die Mutter ihn mit dem Abschneiden des Penis und im Weiteren auch damit bedroht, Hans zu verlassen, weist auf eine Vorstellung von Kindheit hin, in der das Kind zu funktionieren hat und dies auch mit Einschüchterungen und Strafen sichergestellt werden soll. Dies wird von Freud in seiner Analyse ebenso wenig thematisiert wie der Umstand, dass nicht nur kindliche Phantasien, sondern auch einschneidende Erlebnisse zur beschriebenen Symptomatik führen könnten – Hans hatte vor Beginn der Ängste einen schweren Unfall mit einem Pferdefuhrwerk mit angesehen (für eine kritische Betrachtung vgl. Gaßhuber 2013).

Freuds wissenschaftliche Arbeit wurde nicht nur durch den Widerstand gegen seine Ideen zur (kindlichen) Sexualität geprägt, sondern auch durch einen teils impliziten, teils offenen Antisemitismus, der z. B. lange seine Berufung auf eine Professur verhinderte. Der durch die nationalsozialistische Verfolgung prominenter Vertreter/innen der Psychoanalyse und deren Emigration – Freud selbst musste 1938 nach Großbritannien fliehen – erfolgte Bruch in der Weiterentwicklung der Psychoanalyse in Europa, vor allem als Bestandteil der akademischen Psychologie, blieb nachhaltig. Gleichwohl wurde die Psychoanalyse bis heute in Theorie und Praxis vielfach weiterentwickelt, verändert und ausdifferenziert. Dies gilt auch für das psychoanalytische Entwicklungsmodell (vgl. z. B. das Modell von Erikson im folgenden Abschnitt). Seit 2009 gibt es in Deutschland mit der International Psychoanalytic University in Berlin wieder eine dezidiert psychoanalytische Hochschule; bereits seit 1959 besteht das Sigmund-Freud-Institut in Frankfurt am Main, das in traditionell enger Kooperation mit der dortigen Universität vielfältige psychoanalytische und interdisziplinäre Forschungsprojekte zu aktuellen und gesellschaftlich relevanten Fragen durchführt. Damit bleibt die psychoanalytische Perspektive auf menschliche Entwicklung nach wie vor eine bedeutsame, mit der es sich auseinanderzusetzen lohnt.

2.1.4 Die psychosoziale Entwicklung nach Erikson

Das von Erik H. Erikson Mitte des 20. Jahrhunderts entwickelte achtstufige Modell der psychosozialen Entwicklung entstand aus der kritischen Beschäftigung mit dem Freud'schen Entwicklungsmodell und dessen Erweiterung. Stärker als dieses thematisiert es die in den verschiedenen Lebensphasen bedeutsamen Auseinandersetzungen der sich entwickelnden Person mit bestimmten gesellschaftlichen Anforderungen. Zudem fokussiert es im Besonderen die Identitätsentwicklung und umfasst die gesamte Lebensspanne (Erikson 1957, 1970).

Erik H. Erikson
Erik Homberger Erikson (1902–1994) wurde in Frankfurt am Main geboren und absolvierte eine künstlerische und eine pädagogische Ausbildung sowie eine Lehranalyse bei Anna Freud in Wien. 1933 emigrierte er in die USA, wo er als Kinderpsychoanalytiker in eigener Praxis sowie in der Ausbildung an verschiedenen Hochschulen tätig war, obgleich er selbst nie ein Universitätsstudium absolviert hatte. Zudem verbrachte er aufgrund seiner kulturanthropologischen Interessen einige Zeit bei nordamerikanischen Ureinwohnern, den Sioux und den Yurok (Erikson 1957). Sein bekanntes Phasenmodell der psychosozialen Entwicklung erarbeitete er in enger Zusammenarbeit mit seiner Frau Joan Erikson, einer studierten Erzieherin und Soziologin, die allerdings nicht als Mitautorin seiner Werke in Erscheinung trat. Erik H. Erikson erhielt Professuren für Entwicklungspsychologie der Universitäten Harvard und Berkeley. Er war zugleich auch klinisch in eigener Praxis tätig und arbeitete an einer Weiterentwicklung der Psychoanalyse, konkret an einer psychoanalytischen Sozialpsychologie (vgl. Conzen 1996 für eine ausführliche Biografie).

Auf jeder der acht Stufen des Erikson'schen Entwicklungsmodells (s. u.) muss ein spezifischer psychischer Konflikt, eine ‚Krise', gelöst werden, wobei die Art der Lösung den weiteren Entwicklungsprozess beeinflusst. Der Konflikt ist jeweils durch eine Polarität gekennzeichnet, die Bewältigung erfolgt auf einem Kontinuum zwischen dem positiven und dem negativen Pol und bildet die Grundlage für die weiteren Entwicklungsstufen. Die ersten sechs Stufen weisen teilweise Übereinstimmungen mit den von Freud formulieren Phasen der psychosexuellen Entwicklung auf und wurden von Erikson um die Beschreibung der psychosozialen Dynamik erweitert (vgl. Erikson 1957, 1970).

Urvertrauen vs. Misstrauen (1. Lebensjahr)
Erlebt und erfährt der Säugling eine liebvolle und verlässliche Fürsorge seiner Bezugspersonen, entsteht das Gefühl des Ur-Vertrauens. Macht er hingegen die

Erfahrung, dass er sich auf die Befriedigung seiner Bedürfnisse nicht verlassen kann, entwickelt er Ängste und ein Gefühl der Hilflosigkeit – ein Ur-Misstrauen.

Autonomie vs. Scham und Zweifel (1–3 Jahre)
Mit den neuen geistigen und motorischen Fähigkeiten exploriert das Kind verstärkt, will eigene Entscheidungen treffen und als eigenständige Person agieren. Dies gelingt insbesondere, wenn in der vorhergehenden Phase ein Vertrauen in die Bezugspersonen ausgebildet wurde. Deren Umgang mit den neuen Bestrebungen – sie im Rahmen des Möglichen zuzulassen oder aber sie stark einzuschränken – führt entweder zur Autonomie oder aber zu Zweifeln bzw. Beschämung (z. B. wenn das Kind seine Wünsche als inakzeptabel wahrnimmt).

Initiative vs. Schuld (3–6 Jahre)
Mit der weiter zunehmenden körperlichen und geistigen Beweglichkeit und Kraft, der verbesserten Sprach- und Verständnisfähigkeit sowie der damit verbundenen Vorstellungskraft kann sich das Kind nun konkreten Aufgaben widmen, sich im Spiel unterschiedlich ausprobieren, Pläne entwerfen und Ziele verfolgen. Zudem entdeckt es den Geschlechtsunterschied, interessiert sich verstärkt für den eigenen Körper und entwickelt erste Vorstellungen über die Sexualität (der Eltern). Aus Letzterem können Eifersucht und Rivalität, Schuldgefühle und Ängste resultieren. Wiederum stehen die Eltern vor der Aufgabe, diese neuen Bestrebungen einerseits nicht zu rigide zu beschränken, sondern möglichst zu unterstützen, allerdings andererseits dem Kind auch noch nicht zu viel Selbstregulierung zuzumuten, sondern Orientierung und Versicherung zu bieten.

Fleiß vs. Minderwertigkeit (6–11 Jahre)
Der bisherige Drang des Kindes zur direkten Eroberung der Umwelt tritt zugunsten des Bemühens, sich durch Leistungen Anerkennung zu verschaffen, zurück. Es erwirbt vermehrt Wissen, erprobt die eigenen Talente und entwickelt *Werksinn* und damit das Ziel, eine Produktionssituation zu vollenden. Das Gelingen führt zu Stolz auf die eigene Leistung und Kreativität; Misserfolgserfahrungen führen hingegen zu Gefühlen von Unzulänglichkeit und Minderwertigkeit. In dieser Phase erlangt in modernen Gesellschaften die Schule besondere Bedeutung als Ort, an dem zum einen die Kooperation unter Gleichaltrigen eingeübt wird und an dem zum anderen systematisch Erfolg und Misserfolg bewertet werden.

Identität vs. Rollendiffusion (Adoleszenz)
Mit dem Eintreten der Geschlechtsreife und einem weiteren Wachstumsschub endet die Kindheit, die bisherigen Gewissheiten werden infrage gestellt, ein neues Kontinuitätsgefühl muss erarbeitet und die Frage ‚Wer bin ich?' beantwortet werden. Die Heranwachsenden interessieren sich nun verstärkt dafür, wie andere sie sehen, verglichen mit dem eigenen Bild, das sie von sich haben, und sind auf der Suche nach der Ich-Identität, die Erikson als *„angesammelte Zuversicht des Individuums, daß der inneren Gleichheit und Kontinuität auch die Gleichheit und Kontinuität seines Wesens in den Augen anderer entspricht"* (Erikson 1957, S. 239) bezeichnet. Wird das Gefühl der Ich-Identität nicht erreicht, droht die Gefahr der Rollendiffusion mit Zweifeln, Unsicherheit, Orientierungslosigkeit und die Über-Identifikation mit Cliquen oder Idolen. Während in traditionellen Gesellschaften in dieser Phase Übergangsrituale Halt und Orientierung sowie eine klare zeitliche Begrenzung boten, stehen Jugendliche in modernen Gesellschaften vor komplexen Gesellschaftsstrukturen, vielfältigen Entscheidungsmöglichkeiten und -notwendigkeiten sowie dem Dilemma, dass die körperliche Reife nicht mit der sozialen Mündigkeit zusammenfällt. Nach Erikson begegnen moderne Gesellschaften diesen Schwierigkeiten mit der Einräumung eines psychosozialen Moratoriums, also einer Zeit, in der Jugendliche nach und nach in den Erwachsenenstatus hineinwachsen können.

Intimität vs. Isolierung (frühes Erwachsenenalter)
Ist die Ausbildung der Identität gelungen, hat der oder die junge Erwachsene gute Voraussetzungen, ohne Verlustängste intime Bindungen einzugehen. Neben der geteilten, befriedigenden Sexualität bedeutet eine solche Bindung auch, das eigene Leben mit dem des anderen in Einklang zu bringen und über die Phase der Verliebtheit hinaus bereit zu sein, Kompromisse einzugehen und Opfer zu bringen. Gelingt der Aufbau von Intimität nicht, führt das zum Gefühl von Vereinsamung, zu Isolierung *„und schließlich zu einer gänzlichen Beschäftigung mit sich selbst, zu einem Verlust der Umwelt"* (Erikson 1957, S. 240).

Generativität vs. Stagnation (mittleres Erwachsenenalter)
Der erwachsene Mensch übernimmt Verantwortung für die nächste Generation, i. d. R. durch die Gründung einer eigenen Familie, aber auch allgemeiner durch die Sorge um andere und durch Produktivität. Erwachsene empfinden Stolz und Freude daran, den eigenen Kindern etwas beizubringen und das Leben mit ihnen zu teilen. Erikson bezeichnet Elternschaft als existielles Bedürfnis und Generativität als Bereicherung und Herausforderung, deren Entfallen

zu Pseudointimität, einem Gefühl der Stagnation und einer Verarmung in den zwischenmenschlichen Beziehungen führt.

Ich-Integrität vs. Verzweiflung (Alter)
„Nur derjenige, der die Sorge für Dinge und Menschen in irgend einer Weise auf sich genommen hat und sich den Triumphen und Enttäuschungen angepasst hat, die damit zusammenhängen [...] – nur solch ein Mensch kann allmählich die Frucht dieser sieben Phasen ernten" (Erikson 1957, S. 244). Im Alter blickt der Mensch auf sein Leben zurück, würdigt seinen einzigarten Lebensweg mit seinen Höhen und Tiefen als sinn- und wertvoll. Gelingt diese Würdigung, die letztlich positive Bilanz nicht, ist der Mensch unzufrieden mit seinem Leben, erscheinen die Lebenszeit zu kurz und zu viele Chancen versäumt, drohen Verzweiflung und Angst vor dem Tod.

Nach Eriksons Tod 1994 setzte seine Frau Joan sein Werk fort und beschrieb u. a. eine neunte Lebensphase (vgl. Erikson 1997), die sich auf das achte und neunte Lebensjahrzehnt bezieht. In dieser muss der nun hochbetagte Mensch mit dem Verlust von eigenen Fähigkeiten und Gesundheit, mit zunehmender Abhängigkeit und dem Tod von Angehörigen und Freunden leben lernen. Das Blickfeld verengt sich auf den einzelnen Tag, der bewältigt werden muss, nicht selten muss das gewohnte Umfeld zugunsten einer Pflegeeinrichtung aufgegeben werden. Andererseits kann ein *selbstbestimmter* Rückzug aus Verpflichtungen und Aktivitäten und die *willentliche* Übergabe von Verantwortung an die folgenden Generationen als Erleichterung und Entlastung erlebt werden.

Eriksons Modell der psychosozialen Entwicklung hat nach wie vor eine beachtliche Bedeutung und ist bis heute ein wichtiger Bezugspunkt bei der wissenschaftlichen Konzeption menschlicher Entwicklung. Es enthält für die beschriebenen Lebensphasen typische Problemstellungen, die sozial und kulturell übergreifend im Leben vieler Menschen eine bedeutsame Rolle spielen. Darin zeigt sich Eriksons Verständnis von Entwicklung als wechselseitigem Prozess zwischen dem Subjekt und der jeweiligen Umwelt. Obwohl die Beschreibungen vorrangig auf westliche Lebenswelten zuzutreffen scheinen, hat Erikson stets betont, dass ‚normale' Entwicklung nur kulturspezifisch definiert und verstanden werden kann (vgl. z. B. die Darstellungen zur Kindheit in zwei amerikanischen Indianerstämmen in Erikson 1957). Besonders bei der Betrachtung der Entwicklung im Jugendalter sind Bezüge auf Eriksons Hervorhebung der Identitätsentwicklung bis heute gängig. Basierend auf seinen Überlegungen wurden komplexere Modelle der Identitätsentwicklung entworfen, wie z. B. das von James Marcia (1966). Auch der Umstand, dass Eriksons Modell die gesamte Lebensspanne einbezieht, macht es aus heutiger Perspektive nach wie vor wertvoll. Allerdings trifft Erikson ähnlich wie Freud die methodische Kritik, dass viele Aspekte seines Modells aus klinischen Beobachtungen, Deutungen und Rekonstruktionen erschlossen wurden und nicht aus wissenschaftlich standardisierten Prozeduren, wie beispielsweise Laborexperimenten. Dennoch liegen für einige Aspekte des Modells mittlerweile auch empirische Belege vor (Flammer 2009). Als weiteren Kritikpunkt weist Conzen (1996) darauf hin, dass die im Modell behandelten Themen nicht selten normativ und auch moralisch aufgeladen seien und Geschlechterstereotype reproduziert würden. Überdies muss sich noch zeigen, inwiefern Eriksons Überlegungen auch gesellschaftliche Veränderungen überdauern können, z. B. die zunehmende pädagogische Instrumentalisierung des Moratoriums im Jugendalter, die Verlängerung von Abhängigkeiten von den Eltern durch verlängerte Ausbildungszeiten oder eine *gewollte* Ehe- und Kinderlosigkeit im Erwachsenenalter. Dennoch oder vielleicht gerade deshalb erscheint eine Auseinandersetzung mit dem Denken Eriksons auch weiterhin lohnenswert.

2.2 Die Entwicklung höherer psychischer Funktionen

Höhere psychische oder auch kognitive Funktionen – wie z. B. Denken, Planen, Problemlösen, aber auch Sprache und Gedächtnisleistungen – unterscheiden den Menschen signifikant von allen anderen Lebewesen. Angesichts der Bedeutung dieser Funktionen für die Lebensbewältigung war ihre unterschiedliche Ausprägung bei (kleinen) Kindern und Erwachsenen und damit auch die Frage nach den Voraussetzungen für ihre Ausbildung seit Beginn der wissenschaftlichen Erforschung menschlicher Entwicklung von besonderem Interesse. Insbesondere Jean Piagets Modell der kognitiven Entwicklung, an dem dieser bereits ab den 1930er Jahren arbeitete, war viele Jahrzehnte enorm einflussreich und ist bis heute ein zentraler, wenn auch differenzierter und weiterentwickelter, Bezugspunkt der Forschung zur kindlichen Entwicklung. Neben dem Modell an sich besteht Piagets Verdienst auch darin, dass er den (wissenschaftlichen) Blick auf Kinder grundlegend revolutionierte. Diese sind nach seiner Auffassung eben keine kleinen, unvollkommenen Erwachsenen, deren defizitäres Denken durch Reifungsprozesse oder Verstärkungslernen fortentwickelt wird, sondern sie denken gänzlich anders als Erwachsene und erschließen bzw. konstruieren sich ihre Umwelt und ihr Wissen aktiv selbst (z. B. Piaget 2003b). Dieser neue Blick auf Kinder und kindliche Entwicklungs- und Lernprozesse stand im Widerspruch zum zu seiner Zeit vorherrschenden behavioristischen Paradigma, das Lernen und Entwicklung vorrangig als Reiz-Reaktions-Prozesse verstand (vgl. Abschn. 1.3), und wurde erst mit zeitlicher Verzögerung, dann aber nachhaltig, bedeutsam. Obgleich unter gänzlich anderen Voraussetzungen entstanden, trifft dies auch auf den theoretischen Ansatz zur Entwicklung der höheren psychischen Funktionen von Lew S. Wygotski zu, der zwar oft als Gegensatz zu Piaget behandelt wird, aber auch diverse Gemeinsamkeiten mit diesem aufweist.

2.2.1 Jean Piaget und die Beobachtung seiner eigenen Kinder

Beispiel

„Mit 0;9 (21)[5] lege ich auf die Knie von Jacqueline, die sitzt, einen Radiergummi, den sie gerade in der Hand hielt. In dem Moment, als sie ihn wieder ergreifen will, lege ich meine Hand zwischen ihre Augen und den Radiergummi: Sie gibt sofort auf, als ob das Objekt nicht mehr existierte" (Piaget 1998, S. 31). ◄

Als der Schweizer Wissenschaftler Jean Piaget (1896–1980) im Jahr 1925 erstmals Vater wurde, begann er mit der Beobachtung seiner Tochter Jacqueline, in die auch die beiden später geborenen Kinder, Lucienne und Laurent einbezogen wurden. Unterstützt von seiner Frau Valentin Châteney beobachtete er nicht nur spontanes Verhalten, sondern führte kleine Versuche – wie den im Beispiel oben – durch. Zuvor arbeitete er nach bereits frühzeitigem naturwissenschaftlichen Interesse, einem Studium der Biologie und seiner Promotion sowie weiteren Studien der experimentellen Psychologie, Psychopathologie und Psychoanalyse eine Zeitlang im Laboratorium von Alfred Binet und Theophile Simon in Paris, wo an Intelligenztests geforscht wurde. Die Arbeit mit den Kindern dort und seine Beobachtungen der Spezifika des kindlichen Denkens und dessen Veränderungen im Laufe der Kindheit faszinierten Piaget und ließen genau diese Phänomene zu seinem zentralen Forschungsgegenstand werden. Obwohl viele seiner späteren Forschungsarbeiten vor allem in der Entwicklungspsychologie rezipiert wurden, war Piaget kein Entwicklungspsychologe. Sein vorrangiges Interesse lag auf dem Gebiet der Erkenntnistheorie, ihm ging es vor allem um die Entwicklung einer (biologischen) Theorie der Vernunft. Um die Entwicklung der Vernunft nachvollziehen zu können, wandte er sich der Untersuchung von

---

[5]Die Zahlenangaben in den Beispielen von Piaget beziehen sich auf das Alter der Kinder, hier: 0 Jahre, 9 Monate, 21 Tage.

2.2 Die Entwicklung höherer psychischer Funktionen

Kindern zu und hinterließ ein umfangreiches Werk über die Entwicklung des Denkens, der Sprache, des moralischen Urteils, der Intelligenz und des Spiels des Kindes (Bringuier 2004; Scharlau 1996).

Piagets neue Sicht auf Kinder, nach der diese aktiv an ihrer Entwicklung beteiligt sind, und seine neuen Methoden zur Untersuchung vor allem der kognitiven Entwicklung standen in einem starken Gegensatz zum damaligen Standard der wissenschaftlichen Erforschung kindlicher Entwicklung und auch zu den gängigen Auffassungen über das Kind als Subjekt.

Vor dem Hintergrund seiner biologischen Grundorientierung verstand Piaget Entwicklung als sich wechselseitig beeinflussende Anpassungsvorgänge (Adaptation) zwischen dem Organismus und seiner Umwelt: *„Die drei klassischen Entwicklungsfaktoren sind Reifung, Erfahrung der materiellen Umwelt und Wirkung der sozialen Umwelt"* (Piaget 2003b, S. 95). Für das Verstehen von Piagets Entwicklungsmodell bedeutsame Konzepte sind in diesem Zusammenhang die *Schemata*, die Prozesse von *Assimilation* und *Akkommodation* sowie das *Äquilibrium*.

Schemata

Beispiel

„Mit 0;0 (9) liegt Laurent auf einem Bett und versucht zu saugen, indem er den Kopf von links nach rechts hin- und herbewegt. Er streift dabei mehrere Male zufälligerweise seine Lippen mit der Hand und saugt sofort an ihr. Im Verlauf seines Suchens stößt er auch auf eine Federdecke, dann auf eine Wolldecke, und jedesmal beginnt er sogleich, am Gegenstand zu saugen, um ihn nach einem Augenblick wieder loszulassen, worauf er jedesmal zu weinen beginnt" (Piaget 2003a, S. 36). ◄

Schemata sind für Piaget spezifische psychologische Strukturen, die im Entwicklungsprozess durch Assimilation und Akkommodation (s. u.) verändert, organisiert und differenziert werden. Aus einigen wenigen angeborenen und unzulänglich ausgebildeten, gleichwohl aber bereits komplexen Reflexen, wie dem Saug-, Schluck- oder dem Greifreflex, entstehen in der Auseinandersetzung mit der spezifischen Umwelt (z. B. macht es einen Unterschied, ob an der Brust, an einer Flasche oder wie im Beispiel an der eigenen Hand oder einer Decke gesaugt wird) erste differenzierte und koordinierte Strukturen oder auch grundlegende Wissenseinheiten. Diese werden im weiteren Entwicklungsverlauf ausgebaut, koordiniert und durch neue ergänzt. Bedeutsam ist zudem, dass Piaget bei seinen Beobachtungen feststellen konnte, dass die Reflexe nicht nur als Reaktion auf Reize ablaufen, sondern vom Kind auch um ihrer selbst willen ausgeführt werden. Daraus schloss er, dass Kinder nicht nur passiv beobachten, sondern aktiv (neugierig) nach Erfahrungen suchen, um ihr Weltverständnis zu erweitern (Piaget 2003a, b; Mietzel 2007).

Assimilation

> **Beispiel**
>
> „Mit 0;5 (1) führt Lucienne sofort alle Gegenstände, die sie auch außerhalb ihres Gesichtsfeldes erfaßt oder die man in ihre Hände legt, zu ihren Augen. Dann lutscht sie zeitweilig am Gegenstand, und zwar nur drei- auf zehnmal im Durchschnitt, bevor sie den Gegenstand anschaut. Wenn sie sich anschickt, den Gegenstand in ihr Gesichtsfeld zu bringen, erwartet sie überdies, etwas zu sehen, und sucht mit den Augen, noch bevor sie ihn erblicken kann" (Piaget 2003a, S. 126). ◄

Unter Assimilation versteht Piaget die *„Integration externer Elemente in die sich entwickelnden oder abgeschlossenen Strukturen eines Organismus"* (Piaget 2003b, S. 53). Neue Elemente, oder auch Informationen, werden mit bereits aufgebauten Strukturen bzw. Schemata zusammengeführt – im Beispiel oben ist dies die Koordination von Sehen und Greifen. Mit ihrer Hilfe interpretieren wir unsere äußere Welt, sie müssen selbst nicht grundsätzlich verändert werden (vgl. Piaget 2003a, b; Mietzel 2007; Berk 2020).

> **Beispiel**
>
> In Mietzel (2007, S. 83) findet sich hierzu auch folgendes Beispiel: „Die zwölf Monate alte Katrin weiß, was ein Hund ist, denn zu Hause hat sie häufig Gelegenheit, mit dem Hund der Familie zu spielen. Sie nennt dieses Tier ‚Waui'. Als Katrin auf dem Spaziergang einen Schnauzer sieht, zeigt sie auf das Tier und nennt ihn ebenfalls ‚Waui'. Damit hat Katrin den Schnauzer als *bereits bekannt* eingeordnet und folglich assimiliert" (Hervorhebung im Original). ◄

Akkommodation

> **Beispiel**
>
> „Wie wir […] gesehen haben, versteht Laurent seit 0;4 (19) mit der Hand absichtlich auf aufgehängte Gegenstände einzuschlagen. Mit 0;4 (22) hält er einen Stab in Händen, mit dem er nichts anzufangen weiß und den er langsam von einer Hand zur anderen wechselt. Der Stab streift dabei zufällig

2.2 Die Entwicklung höherer psychischer Funktionen

eine am Dach hängende Spielklapper. Laurent ist sofort gefesselt von dem unerwarteten Effekt, hält den Stab aufrecht in der Stellung, die er eben eingenommen hatte, und nähert sich dann umsichtig der Klapper wieder an. So stößt er ein zweites Mal daran. […] Dann nähert er ihn wieder der Klapper. In dieser Weise verfährt er immer schneller und schneller" (Piaget 2003a, S. 182). ◄

Als komplementäres Gegenstück zur Assimilation konzipiert Piaget die Akkommodation: Wird der Organismus bzw. das sich entwickelnde Subjekt mit neuen Elementen oder Informationen konfrontiert, die sich nicht in vorhandene Strukturen bzw. Schemata integrieren lassen, müssen diese verändert oder neu gebildet werden (vgl. Piaget 2003a, b; Mietzel 2007).

Beispiel

Im Anschluss an Mietzels Beispiel oben könnte Katrin einer Katze begegnen und diese zunächst ebenfalls als ‚Waui' bezeichnen. Sicher würden ihre Eltern oder Geschwister sie darauf hinweisen, dass es sich hier nicht um einen Hund, sondern eine Katze handelt, wodurch sich ihr Wissen differenziert und erweitert (vgl. Mietzel 2007, S. 84). Ebenso wird sie später ihr Wissen um Vögel als Tiere, die fliegen können, erweitern, wenn sie einem flugunfähigen Pinguin begegnet. ◄

Assimilation und Akkommodation werden bei jeder Erfahrung gleichermaßen angeregt. Sie ergänzen einander und sind im Entwicklungsprozess wechselnd dominant. Kognitive Anpassung gelingt nach Piaget letztlich nur durch ein (immer wieder neu herzustellendes) Gleichgewicht zwischen beiden Prozessen.

Äquilibrium

Nach Piaget strebt der Mensch genau nach diesem Gleichgewicht (Äquilibrium) zwischen den vorhandenen Schemata und den Informationen aus der Umwelt. Begegnet er Phänomenen, die er auf der Basis des vorhandenen Wissens nicht erklären kann, arbeitet er an einer Auflösung dieser Diskrepanz und versucht, das gestörte Gleichgewicht wiederherzustellen. Dieses Streben nach Gleichgewicht, nach Einklang zwischen dem vorhandenen Wissen und neuen Erfahrungen stellt für Piaget einen zentralen Motor für Entwicklungs- und Lernprozesse dar. Wichtig ist auch hier die Eigentätigkeit oder auch Selbstregulation des Kindes, das aktiv die (Wieder-)Herstellung des Gleichgewichts anstrebt (vgl. Piaget 2003a, b; Mietzel 2007).

2.2.2 Die kognitive Entwicklung nach Piaget

Das Modell der kognitiven Entwicklung nach Piaget umfasst vier Phasen, die an verschiedene Lebensalter und deren spezifische Charakteristika – bezogen auf das Denken des Kindes – gebunden sind. In jeder jeweils höheren Phase verfügt das Kind über mehr Informationen als zuvor und hat eine neue Qualität des Wissens und Verstehens erworben. Die erworbenen Fähigkeiten aus früheren Phasen werden integriert und transformiert. Für Piaget läuft die kognitive Entwicklung zwingend in der von ihm beschriebenen Reihenfolge ab. Für diese beanspruchte er universelle Gültigkeit, wenngleich er auch davon ausging, dass die Geschwindigkeit in Abhängigkeit von der sozialen und kulturellen Umwelt und Erfahrung variieren kann (vgl. Piaget 1998, 2003a, b; Mietzel 2007).

Sensomotorische Phase (0–2 Jahre)
Das kleine Kind lernt vorrangig über die Sinnesorgane (Sehen, Hören, Tasten, Schmecken) und seine Bewegungen (Motorik). Darüber erhält es Informationen über seine Umwelt, aber auch über sich selbst. Eine zentrale Errungenschaft in dieser Phase ist die Objektpermanenz: Nach Piaget versteht das Kind im Alter von acht Monaten, dass Objekte (z. B. ein Spielzeug) auch dann weiterexistieren, wenn sie aus dem eigenen Blickfeld geraten sind. Mit der Objektpermanenz verband Piaget den Beginn des symbolischen Denkens, denn für dieses Verständnis ist es nötig, dass das Kind sich das Spielzeug, auch ohne es zu sehen, vorstellen – es also mental repräsentieren – kann, was eine enorme kognitive Leistung darstellt. Am ersten Beispiel unter 2.2.1 wird ersichtlich, dass Jacqueline noch nicht über Objektpermanenz verfügt. Die rapide Sprachentwicklung in den ersten beiden Lebensjahren unterstützen die Entwicklung des symbolischen Denkens, Gegenstände und Personen können mit einem Wort bezeichnet werden, auch wenn sie nicht in der Nähe sind (ebd.). Piaget beschrieb diese Phase ausführlich und unterteilte sie nochmals in sechs Teilstadien; Ausführungen hierzu und detaillierte Beispiele aus seinen Beobachtungen der eigenen Kinder finden sich z. B. in Piaget (1998, 2003a, vgl. die Beispiele in 2.2.1).

Prä-operationale Phase (2–7 Jahre)
Die prä-operationale Phase ist nach Piaget durch erhebliche Fortschritte im symbolischen Denken (Nachahmung, Rollenspiele) sowie bestimmte, charakteristische Denkabläufe (Operationen) gekennzeichnet, die durch spezifische Verstöße gegen logische Regeln auffallen. Letztere hat Piaget besonders fokussiert und dabei Versuche und Aufgaben entwickelt, die heute als klassisch zu bezeichnen sind (vgl. Piaget 1998, 2003a, b; Mietzel 2007).

2.2 Die Entwicklung höherer psychischer Funktionen

> **Beispiel**
>
> Münzaufgabe: Es liegen zwei Reihen mit der gleichen Anzahl von Münzen untereinander. Das Kind stellt i. d. R. korrekt fest, dass es sich bei beiden Reihen um die gleiche Anzahl von Münzen handelt. Wird nun der Abstand zwischen den Münzen der einen Reihe vor den Augen des Kindes vergrößert, die Münzreihe also länger, ohne dass eine Münze hinzugefügt wurde, werden Kinder in dieser Phase dennoch meist behaupten, dass sich in der nun längeren Reihe mehr Münzen als in der anderen befinden. Werden die Münzen, wiederum vor den Augen des Kindes, in die Ausgangslage zurückbefördert, stellt das Kind fest, dass es nun wieder die gleiche Anzahl von Münzen in beiden Reihen hat. ◄

Mit Versuchen wie der Münzaufgabe konnte Piaget zeigen, dass Kinder in der prä-operationalen Phase noch nicht über einen Invarianzbegriff verfügen und auch, dass die Reversibilität (also die Umkehrbarkeit) des Denkens noch nicht ausgeprägt ist. Zudem fokussieren die Kinder bei mehreren Merkmalen meist nur auf eines (Zentrierung), was zu weiteren typischen Fehlern führt (ebd.).

Als weiteres zentrales Charakteristikum der prä-operationalen Phase betrachtete Piaget das egozentrische Denken des Kindes, was nichts mit Egoismus zu tun hat, sondern die Unfähigkeit des Kindes bezeichnet, die Perspektive eines anderen einzunehmen und Ereignisse aus der Sicht anderer zu betrachten (ebd.).

> **Beispiel**
>
> Drei-Berge-Versuch: Vor einem dreidimensionalen Modell einer Berglandschaft sitzen sich ein Kind und eine Versuchsleiterin gegenüber. Diese bittet das Kind, ihr seinen Anblick zu beschreiben (z. B. ein Baum, ein Haus, eine Ziege usw.). Danach tauschen sie die Plätze und das Kind wird erneut gebeten, seine Sicht (diesmal natürlich eine veränderte) auf das Modell zu beschreiben. Diese Aufgaben lösen die Kinder i. d. R. ohne Schwierigkeiten. Bittet die Versuchsleiterin das Kind aber nun, ihr zu beschreiben, was sie selbst sieht, also die Ansicht, die das Kind zuerst gesehen hat, wird das Kind statt dieser wiederum die eigene aktuelle Ansicht beschreiben. ◄

Auch wenn sich Piaget v. a. auf die logischen Fehler der Kinder fokussierte, muss nochmals betont werden, dass er damit keineswegs lediglich die vermeintlichen Defizite im kindlichen Denken deutlich machen wollte. Vielmehr ging es ihm um die Erkundung der Typik kindlichen Denkens und Problemlösens in diesem

Alter. Daher war auch immer bedeutsam, die Kinder detailliert nach ihren – wenn auch für erwachsene Augen falschen – Lösungswegen zu befragen (= klinische Methode) und diese anzuerkennen (für Beispiele vgl. Bringuier 2004). In diesem Zusammenhang verwahrte er sich auch strikt gegen Überlegungen, man könne oder solle Kinder auf höhere Stufen ‚trainieren', Entwicklung also quasi beschleunigen, für ihn hat jedes Subjekt eine eigene, optimale Geschwindigkeit für den Übergang in die nächste höhere Stufe (vgl. Piaget 2003b).

Konkret-operationale Phase (7–11 Jahre)
Kindern im Grundschulalter gelingt es in dieser Phase bereits, logische Regeln zu befolgen, wenn die Inhalte auf konkrete, erfahrbare Objekte und Vorgänge gerichtet sind. Die Schwierigkeiten im logischen Denken aus der prä-operationalen Phase werden überwunden, die Kinder verfügen über ein Invarianzverständnis (siehe das Münzbeispiel) und können Vorgänge im Geiste umkehren (Reversibilität des Denkens; vgl. Piaget 1998, 2003a, b; Mietzel 2007).

Beispiel

Umschüttversuch: Dem Kind werden drei Gläser präsentiert, ein hohes schmales und zwei flache, breite. In den flachen Gläsern befindet sich gleich viel Flüssigkeit, was Kinder auch in der prä-operationalen Phase unschwer erkennen und korrekt benennen können. Vor den Augen des Kindes wird nun die Flüssigkeit aus einem der Gläser in das hohe, schmale Glas umgefüllt. Während Kinder in der prä-operationalen Phase i. d. R. behaupten, es befände sich nun mehr Wasser im hohen Glas (da der Füllstand durch die Form höher erscheint), antworten Kinder in der konkret-operationalen Phase korrekt, dass es sich um die gleiche Menge Wasser handelt. Durch die Fähigkeit, Vorgänge mental umzukehren, ist ihnen klar, dass sich an der Wassermenge während des Umgießens nichts verändert hat. ◄

Kinder in der konkret-operationalen Phase können überdies Objekte auch nach mehreren Merkmalen klassifizieren (Dezentrierung des Denkens) und überwinden auch – zumindest weitgehend – das egozentrische Denken. Die Bedeutung der konkreten, erfahrbaren Welt für das logische Denken des Kindes in dieser Phase ist kaum zu überschätzen. Rein mentale, von konkreten Gegenständen abstrahierte Denkvorgänge sind nach Piaget erst in der nächsten Phase möglich (ebd.).

2.2 Die Entwicklung höherer psychischer Funktionen

Formal-operationale Phase (ab 11/12 Jahren)
In dieser Phase, in der nach Piaget die höchste Stufe der kognitiven Entwicklung erreicht wird, ist das Kind bzw. der Jugendliche in der Lage, abstrakt zu denken, d. h. Problemstellungen rein mental zu bearbeiten. Die Bedeutung konkreter Gegenstände für das Denken sinkt, die abstrakte Denkfähigkeit verbessert sich bis zum 15. Lebensjahr deutlich. Der junge Mensch ist nach Piaget nun zu systematischen Problemlösungen und auch zu rein hypothetischem Denken fähig. Zudem kann die Logik von Aufgaben bewertet werden, ohne die Umstände der realen Welt zu berücksichtigen, was eine wichtige Voraussetzung für wissenschaftliches und vorausschauendes Denken ist (ebd.).

Beispiel

Während Kinder in der konkret-operationalen Phase bei Aufgabenstellungen wie ‚Angenommen, die Milch ist schwarz ...' i. d. R. schnell protestieren und darauf hinweisen, dass die Milch weiß sei, werden sich formal-operationale Denker i. d. R. auf das Gedankenexperiment einlassen, obgleich natürlich auch sie wissen, dass die Milch weiß ist. ◄

Mit der formal-operationalen Phase ist für Piaget die kognitive Entwicklung vollendet. Der Umstand, dass Menschen bei der Lösung alltäglicher Probleme allerdings weniger abstrakt und formal denken als vielmehr konkret auf das zu lösende Problem fokussieren (was auch Piaget nicht entgangen war), könnte entweder bedeuten, dass nicht alle Menschen die formal-operationale Phase der kognitiven Entwicklung erreichen oder aber, dass die kognitive Entwicklung doch noch nicht abgeschlossen ist und es so etwas wie ein *postformales Denken* gibt (ebd. sowie Berk 2020).

Die erste Überlegung wird durch den Umstand gestützt, dass viele Erwachsene nicht in der Lage sind, die von Piaget beschriebenen Aufgaben für die formal-operationale Phase (für Beispiele vgl. Mietzel 2007) korrekt zu lösen. Entsprechende Forschungsarbeiten zeigten aber, dass vor allem die Kenntnis solcher Aufgaben, die Routine im Umgang mit ihnen und die Vertrautheit mit wissenschaftlichen Methoden die Fähigkeit zum formal-operationalen Denken befördern. Weitere Untersuchungen mit Erwachsenen ergaben zudem, dass sie bestimmte Problemstellungen zwar durchaus logisch lösen konnten, auf der Basis ihrer Lebenserfahrung aber zu weiteren Schlüssen gelangten, welche die Widersprüchlichkeiten ihrer Lebenswelt berücksichtigten. Somit scheint im Erwachsenenalter mit dem *dialektischen Denken* eine weitere Fähigkeit hinzuzukommen, welche für all jene Lebenssituationen relevant sein dürfte, die sich nicht rein logisch lösen lassen (Berk 2020, Mietzel 2007).

2.2.3 Menschliche Entwicklung nach Piaget: Bedeutung und Einordnung

Auch wenn der Konstruktivismus als erkenntnistheoretische Strömung erst in der zweiten Hälfte des 20. Jahrhunderts in den Sozialwissenschaften an Einfluss gewann (vgl. Abschn. 1.3), lassen sich bereits Piagets frühe Arbeiten im Sinne einer konstruktivistischen Entwicklungstheorie verstehen. Für ihn war die aktive Konstruktion von Erkenntnis „*die natürliche Konsequenz*" (2003b, S. 45) aus der Interaktion zwischen dem Subjekt und seiner Umwelt. Klar setzte er sich damit von den behavioristischen Reiz-Reaktions-Theorien, aber auch reifungstheoretischen Annahmen ab und betonte die Rolle der aktiven Beteiligung des Kindes am Entwicklungsprozess. Konsequenterweise unterschieden sich seine Untersuchungsmethoden deutlich von den sonst üblichen standardisierten Experimenten und das Vorgehen der klinischen Methode, also das stetige Nachfragen nach den Gedanken des Kindes im Untersuchungsprozess, kann aus heutiger Sicht durchaus als ein erster Versuch gelten, sich der Perspektive des Kindes anzunähern. Piaget eröffnete einen neuen Blick auf das Kind als eigenstände/r Akteur/in. Seine Theorie war (und ist es zum Teil bis heute) enorm einflussreich in der Entwicklungspsychologie, aber auch in der Pädagogik, deren Paradigma des entdeckenden, aktiven Lernens auch in der Schule maßgeblich auf Piagets Überlegungen zurückgeht (Mietzel 2007; Scharlau 1996; Buggle 2001).

Natürlich blieben Piagets Annahmen weder zu seinen Lebzeiten noch danach unwidersprochen. Neben der Kritik an seinen (nicht im experimentellen Sinne standardisierten) Forschungsmethoden wurden auch seine Versuchsanordnungen selbst hinterfragt und teilweise als zu komplex bewertet. Ein Beispiel dafür ist der Drei-Berge-Versuch zum Nachweis des egozentrischen Denkens: Diverse Untersuchungen haben hier gezeigt, dass sich mit einfacheren Versuchsanordnungen Hinweise auf die Fähigkeit zur Perspektivübernahme bereits bei prä-operationalen Kindern finden lassen. Dies weist zugleich auf eine weitere Kritik an Piaget hin: Trotz der fundamental neuen Betrachtungsweise des Kindes als aktiv an seiner Entwicklung beteiligtes Subjekt unterschätzte er die Fähigkeiten der Kinder deutlich. Neben dem egozentrischen Denken gilt dies z. B. auch für die so wichtige Objektpermanenz: Neue Versuche fanden frühe Anzeichen dafür bereits bei Kindern im Alter von zweieinhalb Monaten (ebd.).

Auch die strikte Stufenfolge Piagets gilt heute als nicht mehr haltbar, die Übergänge zwischen den Phasen scheinen viel fließender zu sein, als Piaget dies postulierte. So können Kinder durchaus einzelne Merkmale der höheren Phase aufweisen, in anderen aber noch diejenigen der vorhergehenden Phase exerzieren. Dies und die Erkenntnis, dass sich viele Jugendliche und Erwachsene mit rein abstrakten, logischen Problemlösungen schwertun (s. o.), ist auch für Schule und Unterricht relevant: Hier wird bis heute die Bedeutung des logischen, abstrakten Denkens betont und vor allem nach dem Übergang in die Sekundarstufe auch von den Schüler/innen eingefordert, was diese in vielen Fällen überfordert (ebd.). Die hohe Wertschätzung des Abstrakten ist charakteristisch für den Erkenntnistheoretiker Piaget, dass sich aber nicht jede Lebensaufgabe durch reine Logik bewältigen lässt, wurde bereits diskutiert. Seine biologische, universalistische Perspektive führte zudem dazu, dass er eine eher individualistische Betrachtung des Kindes vornahm und sich weniger für die Bedeutung des sozialen und kulturellen Umfelds für die Entwicklung interessierte, wenngleich er sie durchaus anerkannte (ebd.).

Da Piagets Werk, das an Vielfalt und Umfang seinesgleichen sucht, nach wie vor wichtiger Bezugspunkt für die Forschung zur menschlichen Entwicklung ist und auch Eingang in die Gestaltung von Schule und Unterricht gefunden hat, ist die – durchaus kritische – Auseinandersetzung (vgl. hierfür z. B. Flammer 2009) damit bis heute bedeutsam und empfehlenswert.

2.2.4 Lew S. Wygotski: Eine kulturhistorische Perspektive

Wie beeinflussen sich die Gesellschaft, ihre historische Gewordenheit, ihre sozialen Regeln, Normen und Werthaltungen, ihre (Bildungs-)Institutionen und Erziehungsvorstellungen einerseits und das aufwachsende Kind, seine Persönlichkeit und Aktivitäten andererseits, um letztendlich menschliche Entwicklung, insbesondere die höheren psychischen Funktionen des Menschen, hervorzubringen? Diese Frage war ein zentraler Bezugspunkt des Werks von Lew S. Wygotski[6], einem russischen Psychologen, der in den 1920er und 30er Jahren an den Universitäten Moskau und Leningrad (heute St. Petersburg) der damaligen Sowjetunion forschte. Damit bewegte er sich jenseits der typischen Gegenüberstellung von Gesellschaft und Individuum und dem damit verbundenen Streit, ob Anlagen oder Umwelt von größerer Bedeutung für die menschliche Entwicklung seien, den er als wenig zielführend betrachtete. Jene Wechselwirkungen zwischen dem Kind und seiner sozialen Welt beeinflussen für Wygotski die Entwicklung nicht lediglich, sondern sind vielmehr die *Quelle* von Entwicklung. Jene sei als *Ein-*

---

[6]Gelegentlich, beispielsweise in englischsprachigen Veröffentlichungen von oder über Wygotski finden sich auch andere Schreibweisen, wie Vygotsky, oder, als direkte Übersetzung aus dem Russischen, auch Vygotskij.

heit der materiellen und psychischen Seite, als *Einheit* von Gesellschaftlichem und Persönlichem zu verstehen, als ein ununterbrochener Prozess der Selbstentwicklung, der überdies diskontinuierlich verläuft und von Krisen und Übergangsphasen gekennzeichnet ist (Elkonin 2003; Wygotski 2003a).

Lew Semjonowitsch Wygotski (1896–1934): Geboren und aufgewachsen in Weißrussland, absolvierte der bereits als Heranwachsender vielseitig interessierte Wygotski von 1913 bis 1917 an der Universität Moskau ein Jura-Studium. Während dieser Zeit vertiefte er auch sein Wissen in Philosophie, Literaturwissenschaft, Kunst und Psychologie. Nach seinem Studium war er zunächst in Gomel (Weißrussland) als Lehrer an beruflichen und lehrerbildenden Schulen tätig, wodurch sich sein Interesse auf Fragen der pädagogischen Psychologie ausdehnte. Als aktives Mitglied des örtlichen pädagogischen Rates wurde es ihm ermöglicht, vielfältige wissenschaftliche Arbeiten aus dem In- und vor allem auch dem Ausland zu beschaffen und eigene experimentelle Untersuchungen durchzuführen. Daraus entstanden verschiedene Aufsätze und Vorträge, die er 1924 auf einem Kongress in Leningrad (vormals Petrograd bzw. St. Petersburg) vorstellte und in dessen Folge er eine Stelle als wissenschaftlicher Mitarbeiter am Institut für experimentelle Psychologie an der Universität Moskau erhielt. Dort legte er nicht nur selbst weitere Prüfungen ab und beendete seine Dissertation zur *Psychologie der Kunst*, sondern begann eine umfangreiche und äußerst produktive Forschungs- und Lehrtätigkeit, aus der zahlreiche Veröffentlichungen hervorgingen. Besonders befasste er sich mit der Entstehung der höheren psychischen Funktionen (wie Denken, Sprache, Gedächtnis), die nach seiner Auffassung einen *sozialen* Ursprung haben, d. h., sie treten zunächst in der sozialen Interaktion mit anderen Menschen auf, bevor sie eine individuelle, intrapsychische Funktion werden. Wygotskis Betonung der Bedeutung des Gesellschaftlichen für die Entstehung höherer psychischer Funktionen gründet sich auf seine marxistische Grundüberzeugung, nach der das Sein das Bewusstsein bestimmt. Gleichwohl verleugnete er nicht die Bedeutung des biologischen, sondern wandte sich gerade den Wechselwirkungen zwischen beiden Polen zu. Damit war er in der stalinistischen Sowjetunion eindeutig nicht auf der Linie der ideologischen Staatsdoktrin. Zusammen mit seinem häufigen Bezug auf die Werke westlicher Wissenschaftler/innen und seiner jüdischen Herkunft machte ihn das zu einer zunehmend kritisch beobachteten Person, deren Arbeitsmöglichkeiten sich ab 1930 verschlechterten. Er musste zwischen Moskau, Leningrad und Charkow pendeln und hatte Schwierigkeiten, seine Arbeiten zu veröffentlichen. Nach seinem frühen Tod – er starb 1934 an Tuberkulose – wurden seine Werke verboten. Bei der teilweise möglichen Fortsetzung seiner Arbeiten durch Kolleg/innen wurde sein Name nicht genannt. Erst ab den 1960er Jahren, als zunächst in der damaligen DDR eine deutsche Übersetzung des Werkes *Denken und Sprechen* erschien, wurden seine Arbeiten und ihre Bedeutung im Westen bekannt bzw. erkannt und bis heute noch immer zunehmend rezipiert (Keiler 2002; Mietzel 2007).

Der soziale Ursprung der höheren psychischen Funktionen
Anders als Piaget, der mit seiner Idee vom Kind, das durch bestimmte kognitive Prozesse (Operationen) selbstständig und motiviert seine Umwelt erkundet und sich diese aneignet, einen individuellen Konstruktivismus vertrat, ging Wygotski

davon aus, dass Kinder sich der Sprache als Werkzeug bedienen, um sich kulturelles Wissen anzueignen. Damit ist symbolisches Denken nicht Voraussetzung von Sprache, sondern diese *wird* quasi zum symbolischen Denken. Wie alle höheren psychischen Funktionen hat das Denken für Wygotski damit einen sozialen Ursprung, er schrieb: *„Jede psychische Funktion war zunächst eine äußere, weil sie eine soziale war, bevor sie zu einer inneren, einer im eigentlichen Sinne psychischen Funktion wurde, sie war vorher eine soziale Beziehung zweier Menschen"* (Elkonin 2003, zitiert und übersetzt aus einer russischen Ausgabe von Wygotskis Werk aus dem Jahr 1983). Was zunächst andere, beispielsweise Erwachsene, dem Kind mitteilen, spricht es dann (laut) zu sich selbst, bevor daraus das leise Zu-sich-selbst-Sprechen des Denkens wird. Die vorhandenen sozialen und kulturellen Werkzeuge bestimmen die Entwicklung des Kindes also maßgeblich mit. Damit kann es für Wygotski auch keinen universell gültigen Verlauf der kognitiven Entwicklung geben, wie ihn Piaget postulierte. Er richtete seine Aufmerksamkeit vielmehr auf die Bedeutung der sozialen Interaktionen für die Entwicklung von Denken und Problemlösefähigkeiten. Für ihn war eine Veränderung der ‚sozialen Entwicklungssituation', d. h. der Beziehung zwischen Kind und Umwelt, Voraussetzung für die Veränderungen von Bewusstseinsstrukturen im Entwicklungsverlauf. Dies spiegelt sich auch in seinem Entwicklungsmodell (s. u.) wider, in dem er besonders die *Übergänge* zwischen den einzelnen Entwicklungsphasen fokussiert. Diese bezeichnete er als *Krisen*, in denen sich bedeutsame Veränderungen in der Kind-Umwelt-Beziehung ereignen (Berk 2020; Keiler 2002; Mietzel 2007; Wygotski 2003a, S. 75 ff.).

Die Zone der nächsten Entwicklung
Wygotskis Konzept der Zone der nächsten Entwicklung (ZNE) ist sicher eines seiner bekanntesten, auch da es oft im Zusammenhang mit der Gestaltung von Lernsituationen diskutiert wird. Die ZNE resultiert aus den o. a. Annahmen Wygotskis zur Bedeutung der sozialen Interaktion für die (kognitive) Entwicklung. Während Piaget davon ausging, dass ein Kind eine bestimmte Stufe der kognitiven Entwicklung erreicht haben muss, um spezifische Probleme lösen zu können, betrachtete Wygotski den Lernprozess selbst als eine treibende Kraft, als ein Werkzeug, für die Entwicklung. Hierbei war für ihn wieder die soziale Interaktion bedeutsam, denn auch wenn ein Kind auf einem bestimmten Entwicklungsniveau ein bestimmtes Problem nicht selbstständig lösen kann, ist es doch oft mit der Unterstützung anderer, z. B. Gleichaltriger oder Erwachsener, durchaus dazu in der Lage. Die Betrachtung bestimmter Altersstufen im Hinblick auf den jeweiligen Entwicklungsstand, wie dies in Piagets Modell aber auch bei Intelligenztests der Fall ist, hielt Wygotski für wenig relevant, wenn es

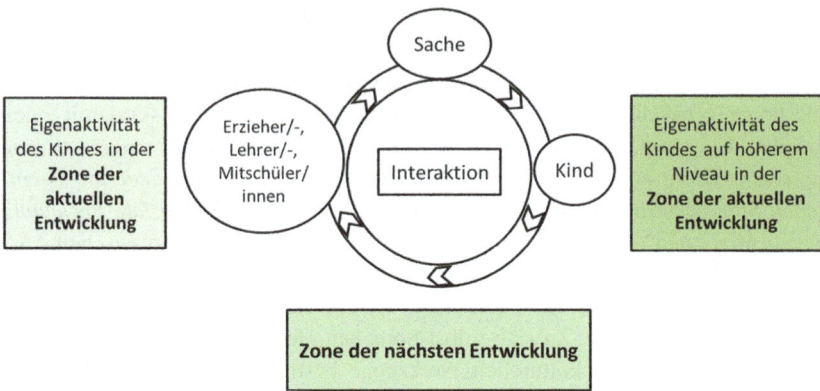

Abb. 2.1 Zone der nächsten Entwicklung nach Wygotski. (Eigene Darstellung in Bezug auf Wygotski 2003a)

um die Bestimmung der kognitiven Entwicklung eines Kindes ging. Dort könne man nur das erkennen, was bereits ausgereift war, also einen Blick in die Vergangenheit werfen, nicht aber die aktuelle Entwicklung bestimmen und schon gar keine Zukunftsprognosen erstellen. Für Lernprozesse sei es aber viel wichtiger, das Potenzial des Kindes festzustellen, jene Fähigkeiten, zu denen das Kind bei geistiger Nachahmung in der Lage ist, also genau die Zone der nächsten Entwicklung (Wygotski 2003a, S. 78 ff.). Grafisch lässt sich die Zone der nächsten Entwicklung wie folgt veranschaulichen (Abb. 2.1):

Menschliche Entwicklung als Wechsel von Krisen und Phasen
Seine konkreten Vorstellungen zur kindlichen Entwicklung bis zum Erreichen des Erwachsenenalters entwickelt Wygotski einerseits aus seiner experimentellen Arbeit mit Kindern und andererseits aus seiner Tätigkeit mit neurologischen und psychiatrischen Patienten, die ihre höheren psychischen Funktionen ganz oder teilweise, dauerhaft oder vorübergehend eingebüßt hatten. Wygotskis diesbezügliche Überlegungen sind in verschiedenen Texten (z. B. Studienmaterialien, Vorlesungsmitschriften und Fragmenten für ein geplantes aber nicht mehr vollendetes Buch) niedergelegt, die erst im Zuge seiner Wiederentdeckung zusammengefügt wurden. Sein Hauptaugenmerk galt den Übergängen, den *Krisen*, zwischen den Phasen, die für ihn sowohl durch jeweils eine zentrale Neubildung, gekennzeichnet waren, die den Entwicklungsprozess leitet als auch durch eine veränderte ‚soziale Entwicklungssituation' (s. o.). Tabellarisch lässt

2.2 Die Entwicklung höherer psychischer Funktionen

Tab. 2.1 Entwicklung nach Wygotski. (Eigene Darstellung unter Bezug auf Wygotski 2003a)

Krise des Neugeborenen (physische, aber nicht biologische Trennung von der Mutter)
Säuglingsalter (2 Monate bis 1 Jahr)
Krise des Einjährigen (Laufenlernen, Sprechenlernen, Willensbildung)
Kleinkindalter (1 Jahr bis 3 Jahre)
Krise des Dreijährigen (Negativismus, Starrsinn, Despotismus)
Vorschulalter (3 bis 7 Jahre)
Krise des Siebenjährigen (Verlust der Unmittelbarkeit – Differenzierung von Innen und Außen)
Schulalter (8 bis 12 Jahre)
Krise des Dreizehnjährigen (Rückgang bisheriger Interessen, Triebregungen, beginnende Begriffsbildung)
Pubertätsalter (14 bis 18 Jahre)
Krise des Siebzehnjährigen (Übergang zum Erwachsenen)

sich Wygotskis Modell wie folgt (Tab. 2.1) darstellen, wobei die Begriffe in Klammern hinter den Krisen, die zentrale Neubildung beschreiben:

Eine genauere Betrachtung der Krise des Siebenjährigen macht deutlich, wie grundlegend – krisenhaft – Wygotski diese, im Vergleich zu den sich anschließenden Phasen eher kurzen Zeitabschnitte, konzipierte und wie nachhaltig sie jeweils die Phasen prägen. Als zentrale Neubildung sieht Wygotski beim Siebenjährigen die beginnende Differenzierung zwischen Innerem und Äußerem der Persönlichkeit des Kindes und den damit verbundenen Verlust der Unmittelbarkeit (Wygotski 2003a, S. 271 ff.). Zwischen das Erleben und das unmittelbare Tun des Kindes schiebt sich – neu – ein intellektuelles Moment: Selbsteinschätzung und Selbstwertgefühl und damit die Betrachtung der eigenen Person und auch Ansprüche an sich selbst setzen ein. Zugleich verändern sich die sozialen Beziehungen des Kindes durch den Eintritt in die Schule fundamental. Als Symptome für diese Krise bezeichnet Wygotski Launenhaftigkeit, Clownerie und maniertiertes, gekünsteltes Verhalten. Diese gehen aber schnell vorüber, während Eigenliebe und Selbsteinschätzung bestehen bleiben. Die Veränderungen in der Persönlichkeit des Kindes und in seinen Umweltbeziehungen wirken wechselseitig aufeinander ein. Ist die unmittelbare Krise überwunden, bilden die neuen Fähigkeiten, das neue Entwicklungsniveau, die Grundlage für die Phase des Schulalters (vgl. Wygotski 2003a – auch für ausführliche Darlegungen zu den weiteren Krisen).

Wygotski ist der bedeutendste Psychologe der früheren Sowjetunion (Keiler 2002). Er hinterließ ein zwar unfertiges, jedoch äußerst umfangreiches Werk, dessen grundlegende Ideen die wissenschaftliche Beschäftigung mit menschlicher Entwicklung nach seiner Wiederentdeckung auch im Westen nachhaltig beeinflusst hat. Ein großes Verdienst Wygotskis ist es, die Bedeutung der sozialen und kulturellen Umwelt für die menschliche Entwicklung herausgestellt zu haben. Gemeinsam mit seinen Kollegen Alexander Luria und Alexej Leontiev gilt er heute als Begründer der *kulturhistorischen Schule*, einer Denkrichtung, die den Menschen als gesellschaftliches Wesen und seine Entwicklung als gesellschaftlich vermittelten Prozess versteht. Im Rahmen dieser Denkschule durchgeführte Forschungen zeigten beispielsweise bereits in den 1930er Jahren, dass unterschiedliche Entwicklungsstände bei Menschen in verschiedenen Gesellschaften nicht in (z. B. biologischen) Beschränkungen der Menschen selbst, sondern in den verschiedenen sozialen und kulturellen Werkzeugen und Anforderungen begründet liegen, was ein starkes Argument gegen rassistische Deutungen dieser Unterschiede war und ist.

Die von Wygotski herausgestellte Bedeutung der sozialen Interaktion bei Lernprozessen wurde sowohl in entwicklungs- und lernpsychologische Modelle eingearbeitet als auch für die schulische Unterrichtsarbeit konkretisiert. So konzipierte beispielsweise Jerome Bruner mit Kolleg/innen die soziale Unterstützung als Bereitstellung eines Gerüsts (Scaffolding), das dem Lernenden hilft, ein Ziel zu erreichen, das er oder sie ohne dieses Gerüst nicht erreichen könnte. Ist der Lernende schließlich in der Lage, die Aufgabe selbstständig zu bewältigen, wird das Gerüst wieder abgebaut (z. B. Wood et al. 1976). Auch für die Unterrichtsarbeit relevant, konkret für Strategien zur Selbstinstruktion, waren Wygotskis Überlegungen zur Rolle des privaten Zu-sich-selbst-Sprechens beim Lösen von Problemen (vgl. Mietzel 2007). Bedenkenswert aus heutiger Perspektive ist sicher auch seine Ablehnung von Testverfahren, wie den Intelligenztests, als Mittel zur Beurteilung und Prognose von Leistungsfähigkeit v. a. in Schulen, da diese für ihn niemals das tatsächliche Potenzial der Person erfassen können.

Die Spezifik seines Entwicklungsmodells, das den Fokus auf die Krisen und nicht so sehr die eigentlichen Phasen legt, ist sicher auch seiner marxistischen Orientierung geschuldet, legt doch die marxistische Gesellschaftstheorie ihr Augenmerk ebenfalls auf die Krisen von Gesellschaftssystemen (z. B. des

Kapitalismus), bevor eine neue Gesellschaft entstehen kann. Diese politische Grundhaltung hat Wygotski auch nie geleugnet, im Gegenteil: In der Auseinandersetzung mit s.g. bürgerlichen Theorien bemühte er sich explizit, eine marxistische Psychologie zu begründen (vgl. Wygotski 2003b). Diese weiteichenden Auseinandersetzungen wurden ihm dann aber im eigenen Land zum Verhängnis, denn westliche Wissenschaftler galten in der Stalin-Ära als dekadent.

Häufig werden, so wie auch im vorstehenden Abschnitt, die Unterschiede zwischen Wygotskis Ideen und denen von Piaget betont. Dies liegt sicher auch daran, dass Wygotski Piagets Werke gut kannte und er sich in seinen Arbeiten häufiger kritisch mit ihnen auseinandersetzte. Dabei bestehen durchaus Übereinstimmungen zwischen den beiden Wissenschaftlern. So setzten sich beide klar vom seinerzeit vorherrschenden behavioristischen Paradigma in der Psychologie ab, betonten die Bedeutung der Eigenaktivität des Kindes und entwickelten neue Untersuchungsmethoden. Und schließlich waren beide, wenn auch unter sehr unterschiedlichen Vorzeichen daran interessiert, mit ihren Arbeiten den Grundstein für eine bessere Gesellschaft zu legen, weshalb für sie weniger das einzelne Kind, sondern allgemein die Herausbildung von Erkenntnisfähigkeit im Mittelpunkt des Interesses stand.

Die Auseinandersetzung mit den Arbeiten Wygotskis bleibt weiter spannend und ist sicher für jene besonders relevant, die sich für die Bedeutung des soziokulturellen Kontextes für menschliche Entwicklung, z. B. im Rahmen kulturvergleichender Fragestellungen, oder auch für Unterrichtskonzepte interessieren, die sich auf die *Potenziale* der Lernenden und nicht ihre bereits vorhandene Leistungsfähigkeit richten.

2.3 Entwicklung aus transaktionaler Perspektive

Die Betrachtung der menschlichen Entwicklung als ein systemisches Geschehen, bei dem neben den Anlagen und der Eigenaktivität des einzelnen Menschen auch die soziokulturelle und gesellschaftliche Umwelt eine entscheidende Rolle spielt, ist charakteristisch für transaktionale Entwicklungsvorstellungen. Zwar bestand schon lange Einigkeit darüber, dass auch Umweltfaktoren für die menschliche Entwicklung bedeutsam sind. Ein transaktionales Entwicklungsverständnis geht allerdings insofern darüber hinaus, dass hier die Umwelt der sich entwickelnden Person nicht als gegeben, sondern als ebenfalls veränderlich konzipiert wird. Solche Veränderungen können beispielsweise durch sich verändernde Rahmenbedingungen (z. B. gesellschaftliche Umwälzungen), soziale Diskurse (z. B. Veränderungen der Geschlechterrollen) und auch durch die

Aktivität der Person selbst (z. B. Beeinflussung der Einstellungen der eigenen Bezugspersonen) geschehen. Diesem Umstand der gleichzeitigen Veränderungen des Menschen und seiner Umwelt im Entwicklungsprozess trug prominent Urie Bronfenbrenner Rechnung. Sein bioökologisches[7] Entwicklungsmodell, in dem es keine im traditionellen Sinne strikten Entwicklungsphasen gibt, operiert klar jenseits der klassischen Gegenüberstellung von Anlage und Umwelt und versteht Entwicklungsprozesse als lebenslanges, gemeinsames Wirken von Beziehungen zwischen dem Subjekt und der Umwelt in einem aus mehreren Ebenen bestehenden System. Mit diesem systemischen Blick auf menschliche Entwicklung sind für Bronfenbrenner weniger – letztlich vom Kontext isolierte – individuelle Entwicklungsverläufe und Veränderungen einzelner Funktionen interessant. Vielmehr richtet er seine Aufmerksamkeit auf den Prozess selbst und die daraus resultierenden wechselseitigen Veränderungen. Ähnlich wird im Rahmen der Lebensspannenperspektive menschlicher Entwicklung daran gearbeitet, besonders die Veränderungen im Erwachsenen- und im hohen Alter als ein Zusammenwirken von biologischen, sozialen, kulturellen und gesellschaftlichen Faktoren verstehbar zu machen.

2.3.1 Urie Bronfenbrenner und die Ökologie der menschlichen Entwicklung

Beispiel

„Loveable, wants people to pay attention for her; jealous sometimes; curious; independent; […] I encourage her to be independent. She has a personality of her own. She comes out with the most amazing things. She'll make you laugh when you need it. She sheers you up, when you are down" (Bronfenbrenner et al. 1984, S. 1366). ◄

Diese Charakterisierung eines dreijährigen Mädchens in einem Interview mit ihrer voll berufstätigen Mutter ist Teil einer Studie, die der amerikanische Entwicklungspsychologe Urie Bronfenbrenner (1917–2005) und Kollegen Anfang

---

[7]Für Bronfenbrenner sind sowohl die verschiedenen Umweltkontexte des Menschen als auch seine Beziehungen und seine individuellen Voraussetzungen und Potentiale für Entwicklung bedeutsam. Daher wird sein Modell häufig als *bioökologisches* Modell bezeichnet, ein Name, den er später selbst vorschlug. In der gegenwärtigen Literatur findet sich aber auch die Bezeichnung ‚Ökologische Systemtheorie' (z. B. Berk 2020).

2.3 Entwicklung aus transaktionaler Perspektive

der 1980er Jahre in den USA durchführten. Sie gingen der Frage nach, welche Auswirkungen die Berufstätigkeit von Müttern auf die Wahrnehmung ihrer Kinder, deren (z. B. akademische) Entwicklung sowie die Mutter-Kind-Interaktionen haben. Ein Ergebnis dieser Arbeit war, dass berufstätige Mütter vor allem ihre Töchter positiv wahrnehmen und diese ermutigten (siehe Zitat oben), was, wie sich in anderen Forschungsarbeiten zeigte, dazu führte, dass die Mädchen sich eher an einem modernen als an einem traditionellen Frauenbild orientierten und bessere akademische Leistungen erreichten.

> **Beispiel**
>
> UdSSR, 1960/1961, Beobachtung Bronfenbrenners in einem Kindergarten: „Kolja fing an, an dem Ball zu zerren, den Mitja hielt. Eine jüngere Pflegerin sah dies, musterte rasch den Raum und rief dann fröhlich aus: ‚Kommt alle her, Kinder. Seht mal, wie Vasja und Marusja miteinander ihren Teddybären schaukeln. Das sind gute Kameraden.' Die beiden Missetäter ließen sofort den Ball fallen und schauten mit den anderen den beiden ‚guten Kameraden' zu, die ihren Teddy jetzt umso heftiger schaukelten" (Bronfenbrenner 1972, S. 35).
>
> USA, 1967, in einem Bericht über einen Golfplatz für Kinder auf der Titelseite des Wallstreet Journals heißt es: „Eine Mutter kommt zu Wort: ‚Sobald wir draußen sind, setzen wir unsere Kinder ab, und sie spielen auf dem kleinen Platz, während wir auf dem großen sind. Wir sind eine richtige Golfspieler-Familie'". Bronfenbrenner ergänzt: „Die Kinder brauchen nicht lange, um die Lektion zu lernen, die ihnen die Erwachsenen beibringen wollen: ‚Laßt uns in Frieden! Haltet Euch an die anderen Kinder!'" (ebd., S. 95). ◄

Zur Beantwortung der Frage nach der Bedeutung des ökologischen Systems für die kindliche Entwicklung führte Bronfenbrenner mit Kolleg/innen zahlreiche kulturvergleichende Studien durch. Als Sohn einer russischen Einwandererfamilie, der selbst in Moskau geboren wurde und mit beiden Kulturen vertraut war, war für ihn ein Vergleich zwischen dem Aufwachsen von Kindern in den USA und der früheren Sowjetunion (UdSSR) besonders interessant. Als einer von wenigen Wissenschaftler/innen konnte er während des s.g. Kalten Krieges in den 1960er Jahren längere Zeit in die UdSSR reisen und dort Beobachtungen und auch Interviews durchführen. Zusammen mit der Auswertung von Erziehungsratgebern, Zeitschriftenartikeln und Feldnotizen von seinen Reisen bildeten diese Daten die Basis für seine Überlegungen zu den psychologischen Auswirkungen dieser sehr unterschiedlichen Sozialisationsbedingungen, z. B. auf die

Anpassungsbereitschaft, die Eigeninitiative, den Umgang mit Gruppendruck oder die Form sozialer Beziehungen (zu den Eltern oder Gleichaltrigen).

Die vorstehenden Beispiele verdeutlichen, dass Bronfenbrenner weniger individuelle Entwicklungsverläufe und Veränderungen als vielmehr die soziokulturellen Entwicklungsumwelten sowie die wechselseitigen Beeinflussungen in den Mittelpunkt stellt. Diese Entwicklungsumwelten verändern sich sowohl über den Lebenslauf als auch zusätzlich durch besondere individuelle und gesellschaftliche Faktoren, wie eine Migration oder politische Umwälzungen.

Dieser Fokus zusammen mit seinem Anspruch auf *ökologisch valide* Untersuchungen, die den natürlichen und alltäglichen Kontext mit einbeziehen und deren Ergebnisse für die Lebenswelt jenseits des Labors bedeutsam sind, führten zu einer enormen methodischen Vielfalt und Flexibilität Bronfenbrenners und zu einer Hinwendung zur beforschten Person und ihren Sozialisations*erfahrungen* sowie deren Bedeutung für verschiedene Entwicklungsbereiche. Beispiele dafür sind seine bekannten Untersuchungen in Israel, wo er die Auswirkung des Kibbuzmodells auf die Eltern-Kind-Beziehung erforschte (vgl. Devereux et al. 1974), oder der Vergleich zum Einsatz kognitiver Strategien in der Labor- und der Alltagssituation (Ceci und Bronfenbrenner 1985).

Bronfenbrenners bioökologisches Entwicklungsmodell unterscheidet sich fundamental von den meisten anderen vorliegenden Entwicklungsmodellen. Teilweise wird seine Arbeit auch als *Sozialisation*sforschung bezeichnet (z. B. Lüscher 1976), um seinen Fokus auf die Bedeutung sozialer Zusammenhänge für die menschliche Entwicklung zu unterstreichen. In der Tat arbeitete Bronfenbrenner oft an disziplinären Grenzen zwischen Psychologie, Soziologie und Pädagogik. Und doch gehen seine Arbeiten deutlich über die Frage hinaus, wie sich vor allem Kinder in eine bestehende Gesellschaft einpassen, und wenden sich dem heranwachsenden Subjekt und dessen Erleben, Fähigkeiten, Aktivitäten und Eigenschaften zu, was für eine entwicklungspsychologische Grundorientierung spricht.

2.3.2 Das bioökologische Entwicklungsmodell von Urie Bronfenbrenner

Bronfenbrenners bioökologisches Entwicklungsmodell unterteilt die Umwelt des Menschen in ineinander verwobene Systeme (vgl. Abb. 2.2), in denen sich der Mensch mit seinen spezifischen Potenzialen und Anlagen bewegt, dabei mit je unterschiedlichen Anderen interagiert, verschiedene Rollen und Aufgaben übernimmt und in denen bestimmte, sich aber auch verändernde bzw. veränderbare

2.3 Entwicklung aus transaktionaler Perspektive

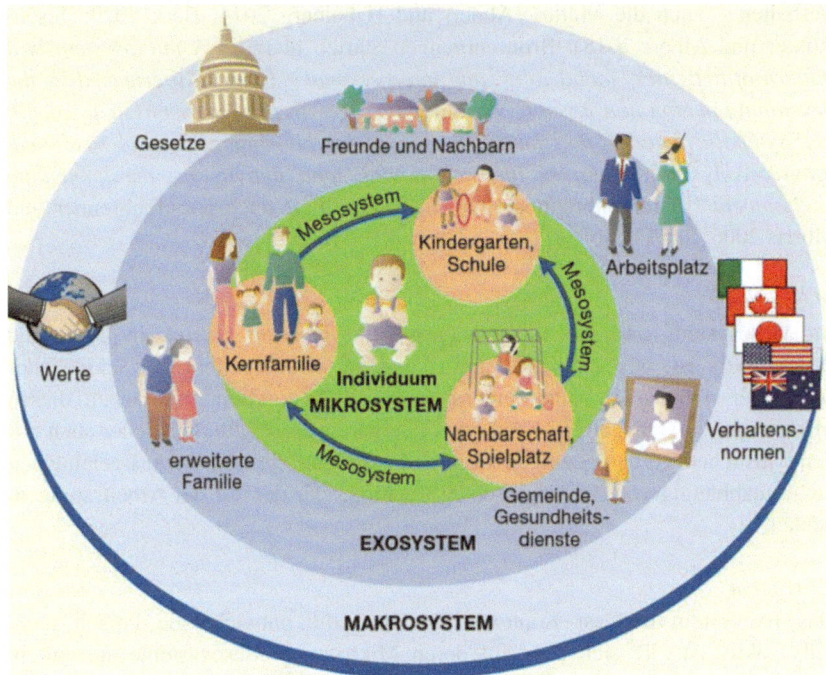

Abb. 2.2 Das bioökologische Entwicklungsmodell nach Bronfenbrenner. (Abb. aus Berk 2020©)

Normen, Werte und Überzeugungen wirken. Die Bedeutung der einzelnen Systeme für die Entwicklung und ihre Beschaffenheit verändern sich sowohl über die Lebensspanne des Menschen (individuelle Zeit) als auch in historischer Perspektive (Ahnert und Haßelbeck 2014; Berk 2020; Bronfenbrenner und Morris 2006; Tesch-Römer und Albert 2018).

Mikrosystem
Das Mikrosystem ist der unmittelbare soziale Nahraum der sich entwickelnden Person (die Familie, die eigene Wohnung), in dem sie mit anderen interagiert (Eltern, Geschwister), verschiedene Rollen übernimmt und sich mit bestimmten Objekten und Symbolen auseinandersetzt. Hierbei ist die Beeinflussung immer wechselseitig gedacht: Genau wie das Kind z. B. durch die Mutter beeinflusst wird, beeinflusst das Kind – seine Besonderheiten, seine Eigenschaften, sein

Verhalten – auch die Mutter (Ahnert und Haßelberg 2014; Berk 2020; Tesch-Römer und Albert 2018). Bronfenbrenner schrieb hierzu: „*A microsystem is a pattern of activities, social roles, and interpersonal relations experienced by the developing person in a given face-to-face setting with particular physical, social, and symbolic features that invite, permit, or inhibit, engagement in sustained, progressively more complex interaction with, and activity in, the immediate environment*" (Bronfenbrenner 1994, S. 1645; zitiert nach Bronfenbrenner und Morris 2006, S. 814).

Mesosystem
Im Mesosystem sind die verschiedenen Mikrosysteme vereint, in denen die Person aktiv ist, wie z. B. die Familie und der Kindergarten, die Schule oder später der Arbeitsplatz, und umfasst auch die Interaktionen zwischen diesen Mikrosystemen. Ob sich ein Kind im Kindergarten wohlfühlt, hat sicher auch mit den häuslichen Voraussetzungen zu tun, ebenso sind die familiären Beziehungen nicht unabhängig von der schulischen Situation oder der auf der Arbeitsstelle zu denken.

Exosystem
Das Exosystem umfasst Kontexte, in denen die entwickelnde Person nicht selbst aktiv ist, die sich aber auf deren Mikro- und Mesosysteme auswirken. Bronfenbrenner beschreibt dies wie folgt: „*The exosystem comprises the linkages and processes taking place between two or more settings, at least one of which does not contain the developing person, but in which events occur that indirectly influence processes within the immediate setting in which the developing person lives*" (Bronfenbrenner 1993, S. 24; zitiert nach Bronfenbrenner und Morris 2006, S. 818).

Dies können der Arbeitsplatz der Mutter genauso wie die Schule des älteren Geschwisterkindes oder in Übersee lebende Verwandte sein. Ob der Arbeitsplatz in Gefahr oder gesichert ist, die schulische Situation des Geschwisterkindes konflikthaft oder zufriedenstellen ist oder ob entfernte Verwandte die Familie z. B. finanziell unterstützen, all dies wirkt sich im Exosystem auch auf die sich entwickelnde Person aus, die wiederum auf diese Umstände reagiert.

Makrosystem
Im Makrosystem geht es auf abstrakterer Ebene um die kulturellen und sozialen Grundlagen der Gesellschaft, in der die Person lebt. Gemeint sind sowohl Gesetze, Vorschriften und Institutionen als auch allgemeine Überzeugungen (z. B. bezogen auf Kindeserziehung und Elternschaft) und Ressourcen (z. B. das

Gesundheitssystem, Kinderbetreuungsmöglichkeiten, der Wohnungsmarkt oder das Rentensystem).

Chronosystem
Zeitliche Veränderungen spielen in Bronfenbrenners Modell in zweierlei Hinsicht eine Rolle. Auf der individuellen Ebene wird sich die Person in ihrem Lebensverlauf jenseits des ursprünglich recht kleinen Mikrosystems mit vielen anderen und sich verändernden Systemen auseinandersetzen, Brüche erfahren und bewältigen, Rollen übernehmen und abgeben, Einflüsse aufnehmen, aber auch die Systeme selbst beeinflussen. Auf der historischen, gesellschaftlichen Ebene verändern sich die Systeme über die Zeit ebenfalls, so kommt es z. B. zu Veränderungen im Bildungssystem oder im Arbeitsmarkt, neue Gesetze über die Rente oder Betreuungsansprüche treten in Kraft oder kulturelle Werte (z. B. die Rolle der Frau in der Gesellschaft) wandeln sich.

2.3.3 Menschliche Entwicklung nach Bronfenbrenner: Bedeutung und Einordnung

Bronfenbrenner gilt als einer der einflussreichsten Entwicklungspsycholog/innen der jüngeren Disziplingeschichte (Flammer 2009). Sein bioökologische Entwicklungsmodell geht mit der Integration von individuellen Anlagen, der Aktivität des Subjekts und sich verändernden, sozialen, kulturellen und gesellschaftlichen Kontexten deutlich über einfache Gegenüberstellungen von Anlagen einerseits und Umwelt andererseits hinaus. Weder die eine noch die andere Seite determinieren Entwicklung. Diese entsteht aus den wechselseitigen Einflüssen und Erfahrungen und dauert über die gesamte Lebensspanne an.

Entwicklung ist für Bronfenbrenner ein *„phenomenon of continuity and change in the biopsychological characteristics of human beings, both as individuals and as groups. The phenomenon extends over the life course, across successive generations, and through historical time, both past and future"* (Bronfenbrenner und Morris 2006, S. 793). Als Pendler zwischen den Kulturen war Bronfenbrenner sensibel für die Bedeutsamkeit und Vielschichtigkeit der sozialen und kulturellen Systeme und eröffnete mit seinem Modell wichtige Perspektiven für die kulturvergleichende entwicklungspsychologische Forschung. In seiner eigenen umfangreichen Forschungstätigkeit war es ihm zudem ein Anliegen, die Kinder und Jugendlichen nicht lediglich als Datenlieferanten zu sehen, sondern deren subjektive Sinngebungsprozesse zu berücksichtigen (Lüscher 1976). Diese Haltung war zum einen hinsichtlich seines eigenen

Modells konsequent, zum anderen stimulierte sie entsprechende Überlegungen und Bemühungen um methodische Prozeduren, an denen bis heute weitergearbeitet wird.

Als beispielhaft und zukunftsweisend soll zudem Bronfenbrenners sozialpolitisches Engagement betont werden, z. B. war er Mitbegründer des *Head Start*-Programms. Dieses sollte Kindern aus einkommensschwachen Familien den Zugang zu Bildung ermöglichen bzw. verbessern und wurde zu einem der bedeutendsten frühpädagogischen Programme in den USA (Ahnert und Haßelbeck 2014; Cornell Chronicle 2005; Lüscher 1976).

Weit jenseits von simplen Rezepten ging es ihm in seiner Arbeit darum, den wissenschaftlichen und den sozialpolitischen Bereich dort zusammenzuführen, wo es gilt, konkrete soziale Probleme zu lösen (ebd.). Als solche identifizierte er beispielsweise die Bildungsbenachteiligung von Kindern aus einkommensschwachen Familien oder auch die Entfremdung zwischen den Generationen, die aus seiner Sicht langfristige negative Folgen für die gesamte Gesellschaft zeitigen wird (Bronfenbrenner 1976). Diese beschreiben Bronfenbrenner und Morris (2006, S. 825) eindringlich: *„In the United States it is now possible for a youth, female as well as male, to graduate from high school, or university, without ever caring for a baby; without ever looking after someone who was ill, old, or lonely; or without comforting or assisting another human being who really needed help. The developmental consequences of such a deprivation of human experience have not as yet been scientifically researched. But the possible social implications are obvious, for—sooner or later, and usually sooner—all of us suffer illness, loneliness, and the need for help, comfort, and companionship. No society can long sustain itself unless its members have learned the sensitivities, motivations, and skills involved in assisting and caring for other human beings."*

2.3.4 Entwicklung im Erwachsenenalter: Die Lebensspannenperspektive

Seit dem Beginn der Forschung zur menschlichen Entwicklung standen Kinder und die Veränderungen im Laufe der kindlichen Entwicklung im Mittelpunkt des Interesses. Lange waren die Arbeiten von der Vorstellung geprägt, dass Kindheit und Jugendalter nicht nur die dynamischsten Entwicklungszeiträume im Leben eines Menschen sind, sondern auch, dass mit dem Eintritt in das Erwachsenenalter die Entwicklungsprozesse weitgehend abgeschlossen sind. Wahrnehmbare Veränderungen im Erwachsenenalter und vor allem mit zunehmendem Lebensalter wurden im Wesentlichen als Abbauprozesse betrachtet.

Auch vor dem Hintergrund der demografischen Entwicklung in vielen westlichen Ländern, die mit einer höheren durchschnittlichen Lebenserwartung einhergeht, wurde die Gruppe der Erwachsenen und vor allem der älteren Menschen größer und sichtbarer und für die Forschung interessant. Ganz offensichtlich griff die Annahme, im Erwachsenenalter fänden nur noch Abbauprozesse statt, zu kurz und gerade konstruktivistische und transaktionale Perspektiven auf Entwicklung konnten ihre Grundannahmen von der Eigenaktivität des Menschen und der wechselseitigen Mensch-Umwelt-Beeinflussung kaum nur auf das Kindes- und Jugendalter beziehen. Theoretische Modelle wie jenes von Urie Bronfenbrenner halfen dabei, Entwicklung als ein lebenslanges Geschehen mit sich über die Zeit verändernden Umwelten, Beziehungen und Potenzialen zu verstehen.

Mit der Lebensspannenpsychologie wurde u. a. vom Berliner Psychologieprofessor und Direktor des Max-Planck-Instituts für Bildungsforschung Paul Baltes (1939–2006) eine eigene Forschungstradition begründet, die sich zentral mit der Entwicklung im Erwachsenen- und hohen Alter befasst. Gemeinsam mit Margret Baltes und einer dynamischen Arbeitsgruppe entwickelte er im Rahmen der Lebensspannenpsychologie das SOK-Modell (Selektion, Optimierung und Kompensation), dessen Grundannahme besagt, dass es in jedem Lebensalter Gewinne und Verluste gibt, die dialektisch aufeinander bezogen sind. Menschen jeden Lebensalters stehen vor der Aufgabe, die Gewinne zu maximieren und die Verluste zu minimieren. Da im höheren Alter die Verluste in den verschiedenen Lebens- und Funktionsbereichen potenziell zunehmen, steigt die Bedeutsamkeit dieser Aufgabe für ältere Menschen (Freund und Nikitin 2018).

Bei der *Selektion* geht es um die Auswahl bestimmter Ziele und den sinnvollen Einsatz der (letztlich begrenzten) Ressourcen zu ihrer Erreichung. Im höheren Alter werden als Reaktion auf knapper werdende Ressourcen die Zielsetzungen restriktiver, um verbleibende Ressourcen gezielter einsetzen zu können. Mit *Optimierung* ist die Entwicklung von Ressourcen gemeint, die dem Erreichen der gewählten Ziele dienlich sind. Damit sollen Entwicklungsgewinne erreicht werden. *Kompensation* dient der Entwicklung von Ressourcen, um Verluste auszugleichen. Damit sollen Funktionen aufrechterhalten werden. Die Möglichkeiten zur Kompensation nehmen im höheren Alter aufgrund zunehmender Verluste ab (ebd. sowie Greve und Leipold 2018; Wahl und Schilling 2018).

Aus der Lebensspannenpsychologie sind mittlerweile vielfältige Forschungsarbeiten hervorgegangen, wie die seit 1989 laufende Berliner Altersstudie (vgl. Mayer und Baltes 1999). Diese tragen auch dazu bei, tradierte Stereotype hinsichtlich des Alters bzw. alter Menschen infrage zu stellen und Vorurteile gegenüber der älteren Generation bzw. dem Älterwerden abzubauen (vgl. Staudinger 2012; Wentura und Rothermund 2005).

Vor dem Hintergrund der zu erwartenden demografischen Veränderungen in unserer Gesellschaft ist die Auseinandersetzung mit der Lebensspannenperspektive von Entwicklung nicht nur spannend, sondern für Pädagog/innen sogar sehr bedeutsam. Angesichts vielfältiger Lebensläufe und Bildungsbiografien, in denen Bildungsabschlüsse auch in höherem Alter angestrebt und Berufswechsel vollzogen werden, sowie dem Umstand, dass auch Lehrer/innen bis ins höhere Alter beruflich eingebunden sein werden, ist das Wissen um die Entwicklungsprozesse und -besonderheiten im Erwachsenenalter hoch relevant.

2.4 Zusammenfassung

Fazit

Die in diesem Kapitel vorgestellten Theorien zur menschlichen Entwicklung verdeutlichen zum einen die Komplexität und Bandbreite von Entwicklungsprozessen sowie die Art und Weise ihrer wissenschaftlichen Betrachtung. Zum anderen zeigt sich die Abhängigkeit der Theoriebildung sowohl von den jeweiligen Interessen der Forschenden und deren Verständnis von Entwicklung als auch von historischen und soziokulturellen Faktoren.

Die vorstehenden Theorien von Freud, Erikson, Piaget, Wygotski und Bronfenbrenner weisen bei allen Unterschieden auch verschiedene Gemeinsamkeiten auf. So gingen alle in ihren Arbeiten über die zu ihrer Zeit jeweils vorherrschenden Ideen zu menschlicher Entwicklung und ihren Ursachen, zu Kindern und Kindheit und zu Forschungsmethoden hinaus. Besonders Freud, Piaget und Bronfenbrenner veränderten den Blick auf Kinder und Kindheit grundlegend und entgegen der anhaltenden Anlage-Umwelt-Kontroverse zeigt sich in allen Arbeiten ein mehr oder weniger systemischer Blick auf Entwicklung, der sich der Bedeutung der Wechselwirkungen zwischen biologischen, sozialen, kulturellen und gesellschaftlichen Faktoren sowie der Eigenaktivität des Subjektes zuwendet.

Obwohl die meisten vorgestellten Theorien klassische Stufenmodelle sind und entsprechend umfangreiche Kritiken an ihnen vorliegen, stellen sie bis heute einen wichtigen Bezugspunkt für die Forschung zu menschlicher Entwicklung dar, werden also weiterhin rezipiert und diskutiert. Sie helfen uns dabei, sowohl Veränderungen im menschlichen Lebenslauf als auch das wissenschaftliche Nachdenken über solche Veränderungen in seiner Zeit- und Interessengebundenheit zu verstehen. ◄

Literatur

Ahnert, L., & Haßelbeck, H. (2014). Entwicklung und Kultur. In L. Ahnert (Hrsg.), *Theorien in der Entwicklungspsychologie* (S. 26–59). Berlin: Springer VS.
Berk, L. E. (2020). *Entwicklungspsychologie* (7. Aufl.). Hallbermoos: Pearson.
Bringuier, J.-C. (2004). *Jean Piaget. Ein Selbstporträt in Gesprächen.* Weinheim: Beltz Taschenbuch.
Bronfenbrenner, U. (1972). *Zwei Welten. Kinder in USA und UdSSR.* Stuttgart: Deutsche Verlagsanstalt.
Bronfenbrenner, U. (1976). Entwicklungspsychologie und Sozialpolitik. In K. Lüscher (Hrsg.), *Ökologische Sozialisationsforschung* (S. 168–198). Stuttgart: Ernst Klett.
Bronfenbrenner, U. (1993). *Die Ökologie der menschlichen Entwicklung. Natürliche und geplante Experimente.* Frankfurt a. M.: Fischer Taschenbuch.
Bronfenbrenner, U., & Morris, P. A. (2006). The Bioecological model of human development. In R. M. Lerner & W. Damon (Hrsg.), *Handbook of child psychology: Theoretical models of human development* (S. 793–828). Hoboken: Wiley.
Bronfenbrenner, U., Alvarez, W. F., & Henderson, Ch R. (1984). Working and watching: Maternal employment status and parent's perception of their three-year-old children. *Child Development, 53,* 1362–1378.
Buggle, F. (2001). *Die Entwicklungspsychologie Piagets* (4. Aufl.). Stuttgart: Kohlhammer.
Ceci, S. J., & Bronfenbrenner, U. (1985). „Don't forget to take the cupcakes out of the oven": Prospective memory, strategic time-monitoring, and context. *Child Development, 56,* 152–164.
Conzen, P. (1996). *Erik H. Erikson. Leben und Werk.* Stuttgart: Kohlhammer.
Cornell Chronicle. (2005). Urie Bronfenbrenner, father of Head Start program and preeminent ‚human ecologist', dies at age 88. http://news.cornell.edu/stories/2005/09/head-start-founder-urie-bronfenbrenner-dies-88. Zugegriffen: 24. Febr. 2020.
Datler, W., & Wininger, M. (2014). Psychoanalytische Zugänge zur frühen Kindheit. In L. Ahnert (Hrsg.), *Theorien der Entwicklungspsychologie* (S. 354–379). Berlin: Springer VS.
Devereux, E. C., Shouval, R., Bronfenbrenner, U., Rodgers, R. R., Kav-Venaki, S., Kiely, E., & Karson, E. (1974). Socialization practices of parents, teachers, and peers in Israel. The Kibbutz versus the city. *Child Development, 45,* 269–281.
Elkonin, D. B. (2003). Einleitung. In J. Lompscher (Hrsg.), *Lew Vygotskij. Ausgewählte Schriften.* (Bd. II, S. 11–51). Berlin: Lehmanns Media.
Erikson, E. H. (1957). *Kindheit und Gesellschaft.* Zürich: Pan.
Erikson, E. H. (1970). *Jugend und Krise. Die Psychodynamik im sozialen Wandel.* Stuttgart: Cotta.
Erikson, E. H. (1997). *The life cycle completed. Extended version with new chapters in the ninth stage of development by Joan M. Erikson.* New York: Norton.
Flammer, A. (2009). *Entwicklungstheorien. Psychologische Theorien der menschlichen Entwicklung* (4. Aufl.). Bern: Huber.
Freud, S. (2000a). Analyse der Phobie eines fünfjährigen Knaben. In S. Freud (Hrsg.), *Zwei Kinderneurosen: Bd. VIII. Studienausgabe* (S. 9–123). Frankfurt a. M.: Fischer Taschenbuch (Erstveröffentlichung 1909).

Freud, S. (2000b). Das Ich und das Es. In S. Freud (Hrsg.), *Psychologie des Unbewußten: Bd. III. Studienausgabe* (S. 273–330). Frankfurt a. M.: Fischer Taschenbuch (Erstveröffentlichung 1923).

Freud, S. (2000c). *Schriften zur Behandlungstechnik. Studienausgabe Ergänzungsband*. Frankfurt a. M.: Fischer Taschenbuch.

Freud, S. (2000d). *Fragen der Gesellschaft. Ursprünge der Religion: Bd. IX. Studienausgabe*. Frankfurt a. M.: Fischer Taschenbuch.

Freud, S. (2000e). Über die weibliche Sexualität. In S. Freud (Hrsg.), *Sexualleben: Bd. V. Studienausgabe* (S. 273–292). Frankfurt a. M.: Fischer Taschenbuch (Erstveröffentlichung 1931).

Freund, A. M., & Nikitin, J. (2018). Junges und mittleres Erwachsenenalter. In W. Schneider & U. Lindenberger (Hrsg.), *Entwicklungspsychologie* (8. Aufl., S. 265–289). Weinheim: Beltz.

Gaßhuber, R. (2013). Der kleine Hans, der arme Hans. Über die Unberührtheit in der psychoanalytischen Tradition – eine Leseerfahrung. *Zeitschrift für Psychotraumatologie, Psychotherapiewisssenschaft und Psychologische Medizin* 03. http://www.gassenhuber.de/kontingenz/wpmaterialien/. Zugegriffen: 24. Sept. 2020.

Greve, W., & Leipold, B. (2018). Problembewältigung und intentionale Selbstentwicklung. In W. Schneider & U. Lindenberger (Hrsg.), *Entwicklungspsychologie* (8. Aufl., S. 579–594). Weinheim: Beltz.

Jung, C. G. (1913). *Versuch einer Darstellung der psychoanalytischen Theorie. Neun Vorlesungen, gehalten in New-York im September 1912*. Leipzig: Franz Deuticke.

Keiler, P. (2002). *Lev Vygotskij – ein Leben für die Psychologie*. Weinheim: Beltz.

Kriz, J. (2014). *Grundkonzepte der Psychotherapie* (7. Aufl.). Weinheim: Belz.

List, E. (2009). *Psychoanalyse*. Wien: facultas wuv.

Lüscher, K. (1976). Urie Bronfenbrenners Weg zur ökologischen Sozialisationsforschung. Eine Einführung. In K. Lüscher (Hrsg.), *Ökologische Sozialisationsforschung* (S. 6–32). Stuttgart: Klett.

Marcia, J. E. (1966). Development and validation of ego-identity status. *Journal of Personality and Social Psychology, 3*(5), 551–558.

Mayer, K. U., & Baltes, P. B. (Hrsg.). (1999). *Die Berliner Altersstudie*. Berlin: Akademie.

Mietzel, G. (2007). *Pädagogische Psychologie des Lernens und Lehrens* (8. Aufl.). Göttingen: Hogrefe.

Piaget, J. (1998). *Der Aufbau der Wirklichkeit beim Kinde* (2. Aufl.). Stuttgart: Klett-Cotta.

Piaget, J. (2003a). *Das Erwachen der Intelligenz beim Kind* (5. Aufl.). Stuttgart: Klett-Cotta.

Piaget, J. (2003b). *Meine Theorie der geistigen Entwicklung. Herausgegeben von Reinhard Fatke*. Weinheim: Beltz Taschenbuch.

Scharlau, I. (1996). *Jean Piaget – zur Einführung*. Hamburg: Junius.

Seiffge-Krenke, I. (2014). Psychoanalytische Entwicklungsbetrachtung der Jugend. In L. Ahnert (Hrsg.), *Theorien der Entwicklungspsychologie* (S. 380–403). Berlin: Springer VS.

Staudinger, U. M. (2012). Fremd- und Selbstbild im Alter. Innen- und Außensicht und einige der Konsequenzen. In P. Graf Kielmansegg & H. Häfner (Hrsg.), *Alter und Altern. Wirklichkeiten und Deutungen* (S. 187–200). Berlin: Springer.

Tesch-Römer, C., & Albert, I. (2018). Kultur und Sozialisation. In W. Schneider & U. Lindenberger (Hrsg.), *Entwicklungspsychologie* (8. Aufl., S. 140–159). Weinheim: Beltz.
Wahl, H.-W., & Schilling, O. (2018). Hohes Alter. In W. Schneider & U. Lindenberger (Hrsg.), *Entwicklungspsychologie* (8. Aufl., S. 319–343). Weinheim: Beltz.
Wentura, D., & Rothermund, K. (2005). Altersstereotype und Altersbilder. In S. H. Filipp & U. M. Staudinger (Hrsg.), *Entwicklungspsychologie des mittleren und höheren Erwachsenenalters: Bd. 6. Enzyklopädie für Psychologie* (S. 625–654). Göttingen: Hogrefe.
Wood, D., Bruner, J. S., & Ross, G. (1976). The role of tutoring in problem solving. *Journal of Child Psychology and Psychiatry, 17,* 89–100.
Wygotski, L. S. (2003a). Das Problem der Altersstufen. In J. Lompscher (Hrsg.), *Lew Vygotskij. Ausgewählte Schriften:* (Bd. II, S. 53–90). Berlin: Lehmanns Media.
Wygotski, L. S. (2003b). Die Krise der Psychologie in ihrer historischen Bedeutung. In J. Lompscher (Hrsg.), *Lew Vygotskij. Ausgewählte Schriften.* (Bd. I, S. 57–277). Berlin: Lehmanns Media.

Weiterführende Literatur

Bei den drei nachfolgend empfohlenen Werken handelt es sich jeweils um Originalliteratur bedeutender Theoretiker auf dem Gebiet der menschlichen Entwicklung. Deren Gedanken werden oft lediglich über Lehrbücher rezipiert. Dies ermöglicht zwar eine Einführung oder auch einen Überblick über die Theorien der Verfasser, allerdings sind die Darstellungen in Lehrbüchern – wie jede Entwicklungstheorie selbst auch – von spezifischen Interessen geleitet. Um sich jenseits davon ein eigenständiges Bild vom Werk der Wissenschaftler/innen machen zu können, ist die Rezeption von Originalliteratur unabdingbar. Nur hier können wir das Denken der Autor/innen schrittweise verfolgen und vollständig aufnehmen und auch einen Eindruck von der jeweiligen Zeitgebundenheit ihrer Arbeiten erhalten.

Bronfenbrenner, U. (1992). *Zwei Welten. Kinder in USA und UdSSR.* Stuttgart: Deutsche Verlagsanstalt.
Bronfenbrenner, U. (1994). Ecological models of human development. In T. Husen & T. N. Postlethwaite (Hrsg.), *International encyclopedia of education* (2. Aufl., Bd. 3, S. 1643–1647). Oxford: Pergamon Press.
Freud, S. (1909). Analyse der Phobie eines fünfjährigen Knaben. In: Ders. (2000a). *Zwei Kinderneurosen. (Studienausgabe Bd. VIII)* (S. 9–123). Frankfurt am Main: Fischer Taschenbuch.

Abweichungen von der Norm: Entwicklungsstörungen

3

▶ Wenn Entwicklungstheorien bestimmte Verlaufsmodelle einer normalen Entwicklung vorschlagen, werden zugleich auch die Grenzen einer solchen Normalentwicklung mitentworfen. Personen, die als nahe oder jenseits dieser Grenzen befindlich eingestuft werden, werden häufig Schwächen, Schwierigkeiten, Störungen oder auch Behinderungen attestiert. Solche Zuschreibungen schließen Kinder und Jugendliche einerseits aus dem Kreis der normal Entwickelten aus, ermöglichen andererseits aber auch Zugang zu Unterstützungsleistungen wie schulische Fördermaßnahmen und Nachteilsausgleiche oder psychotherapeutische Interventionen. Anhand welcher Kriterien solche Störungen bestimmt werden, in welchem Verhältnis diese zu einer Normalentwicklung stehen und welche Konsequenzen sie nach sich ziehen können, wird in diesem Kapitel an ausgewählten Beispielen diskutiert. Deutlich wird zudem, welche Aufgaben Lehrkräften in Verbindung mit Entwicklungsstörungen zukommen, aber auch, wann die Verantwortung bei anderen Berufsgruppen, z. B. Schulpsycholog/innen oder Psychotherapeut/innen liegt.

3.1 Wer ist ‚normal' oder was kann ‚Störung' von Entwicklung bedeuten?

Die Idee, dass sich menschliche Entwicklung als ein allgemein gültiges Verlaufsmodell beschreiben ließe, die einigen der in Kap. 2 vorgestellten Entwicklungstheorien zugrunde liegt, führt folgerichtig zu einer genauen Betrachtung all

Tab. 3.1 Verschiedene Normbegriffe. (Eigene Darstellung in Bezug auf Döpfner 2013, S. 31)

Norm	Eine Person ist normal, die …
Ideale Norm	… ohne Beschwerden lebt
Soziale Norm	… lebt, wie es die Gesellschaft erwartet
Statistische Norm	… zur Mehrheit aller Personen gehört
Funktionelle Norm	… ihre Aufgaben erfüllen kann

jener Entwicklungsverläufe, die von diesem allgemeinen Modell nicht erfasst werden können. Dieser Fall tritt beispielsweise ein, wenn die sich entwickelnde Person über Fähigkeiten, die laut Modell zu einem bestimmten Zeitpunkt möglich sein sollten, nicht verfügt und daher bestimmte Entwicklungsaufgaben nicht bewältigen kann. Doch auch ein deutlich früherer Erwerb oder ein Übertreffen allgemeiner bzw. durchschnittlicher Fähigkeiten kann als Abweichung von der allgemeinen oder eben ‚normalen' Entwicklung verstanden werden. Ob eine solche Abweichung aber nun als unbedenklich oder als Problem, Schwierigkeit oder sogar Störung verstanden wird, ist immer anhand weiterer Kriterien zu klären.

Die Konzeption ‚normaler' kindlicher Entwicklung war seit Beginn der wissenschaftlichen Befassung mit diesem Thema eng an die Auseinandersetzung mit Abweichungen vom vermeintlich Normalen gebunden. Fragen zu den Ursachen solcher Abweichungen, die Entwicklung von Instrumentarien zu deren Erfassung und Überlegungen zu möglichen oder nötigen Interventionen bestimmten daher die Forschung zur kindlichen Entwicklung seit jeher. Gleichwohl ist das spezifische Feld von Abweichungen oder Störungen von Entwicklung, Ursachenforschung und Interventionen weniger in der Entwicklungspsychologie als eher im Bereich der klinischen Psychologie bzw. der klinischen Kinderpsychologie angesiedelt. Diese wiederum operiert in Verbindung mit verschiedenen Nachbardisziplinen wie der Kinderheilkunde, der Heil- und Sonderpädagogik, der Kinderneurologie und der Kinder- und Jugendpsychiatrie (Petermann 2013b, S. 17).

Die klinische Kinderpsychologie verfügt nicht über einen einheitlichen Störungsbegriff. Welches Verhalten als ‚normal' oder ‚gestört' verstanden wird, hängt neben der jeweiligen theoretischen Ausrichtung auch von den zugrunde liegenden Normbegriffen ab. Unterscheiden lassen sich hier die ideale, von der sozialen, der statistischen und der funktionellen Norm (siehe Tab. 3.1 sowie Döpfner 2013).

Der Störungsbegriff der klinischen Psychologie, Psychotherapie und Psychiatrie ist entweder *kategorial* oder *dimensional* ausgerichtet. *Kategorial* bedeutet, dass von klar untereinander abgrenzbaren Störungen ausgegangen wird. Dieses Verständnis liegt auch den beiden bedeutsamsten Klassifikationssystemen für psychische Störungen zugrunde, dem ICD-10[1] (International Statistical Classification of Diseases and Related Health Conditions) der Weltgesundheitsorganisation (WHO) und dem DSM 5 (Diagnostic and Statistical Manual of Mental Disorders) der American Psychiatric Assoziation (APA). Beide Klassifikationssysteme gehen zudem von der Diskontinuitätsannahme aus, die besagt, dass es klare Grenzen zwischen normalem und anormalem Verhalten gäbe. Im Gegensatz dazu beruht der *dimensionale* Störungsbegriff auf der Annahme, dass sich sowohl normales und abnormales Verhalten als auch verschiedene psychische Störungen als kontinuierlich verteilte Merkmale darstellen lassen. Ein solches Verständnis geht von fließenden Übergängen sowohl zwischen normalem und gestörtem Verhalten als auch zwischen verschiedenen psychologischen Störungen aus. Ein damit verbundenes Klassifikationssystem ist das Achenbach System of Empirically Based Assessment (ASEBA).

Beide Störungsbegriffe inklusive der damit verbundenen Klassifikationssysteme werden seit langem kontrovers diskutiert (vgl. hierzu Döpfner 2013), beinhalten aber jeweils spezifische Vor- und Nachteile, die für eine kompensierende Verwendung in der klinischen Praxis sprechen dürften. Der Überblick über Entwicklungsstörungen in diesem Kapitel wird sich wesentlich am kategorialen Störungsbegriff und der Klassifikation nach ICD-10 orientieren, da diese für die Diagnostik und Behandlung solcher Störungen im Kindes- und Jugendalter zentrale Bezugspunkte darstellen (für eine Kritik vgl. Klicpera und Gasteiger-Klicpera 2007 sowie Francis 2013).

Um zu bestimmen, ob ein Verhalten oder Erleben als ‚Störung' zu klassifizieren ist, enthält das fünfte Kapitel (von insgesamt 22) des ICD-10 für eine große Anzahl von Verhaltens- und psychischen Auffälligkeiten umfangreiche Symptomlisten, welche die Spezifika auf den Ebenen *Erleben* und *Verhalten* sowie im Hinblick auf die soziale *Funktionsfähigkeit* abbilden. Innerhalb dieses fünften Kapitels gibt es seit dem ICD-9 zwei Unterkapitel speziell für psychische Störungen im Kindes- und Jugendalter (F8 Entwicklungsstörungen und F9 Verhaltens- und emotionale Störungen mit Beginn im Kindes- und Jugendalter).

---

[1]Hierbei handelt es sich um die 10. Fassung des ICD, die seit 1992 – mittlerweile in einer mehrfach überarbeiteten Version – gültig ist. Nach jahrelanger Arbeit am Nachfolger wurde das ICD-11 von der WHO 2019 beschlossen und soll 2022 in Kraft treten.

Hinweise auf eine psychische bzw. Entwicklungsstörung ergeben sich i. d. R. dadurch, dass mindestens eine bestimmte Anzahl der Symptome aus dieser Liste vorliegt, die in bestimmter Ausprägung sowie Kombination und unter Ausschluss von anderen Symptomen für eine bestimmte Mindestzeitspanne auftreten und Funktionseinschränkungen (z. B. in Beruf oder Schule) sowie subjektives Leiden hervorrufen müssen. Für die Klassifikation im Kindes- und Jugendalter bestehen besondere Herausforderungen, denn Auffälligkeiten sind meist dimensionaler Natur, d. h. die Grenzen zwischen normalem und abweichendem Verhalten sind oft fließend. Zudem beeinflussen Entwicklungsprozesse das Erleben und Verhalten stark (z. B. sind bestimmte Ängste im Vorschulalter typisch und keine Störung) und bestimmte Verhaltensweisen sind stark umgebungsabhängig. Alle genannten Aspekte müssen in einem umfangreichen diagnostischen Prozess genau bestimmt werden (vgl. Breitenbach 2019). Dieser ist auch deswegen erforderlich, da Klassifikationssysteme wie das ICD-10 keinerlei Aussagen über mögliche Ursachen machen. Jene wiederum zu kennen, ist für jede Intervention aber unabdingbar.

Das Verständnis der Entstehung (Genese) einer psychischen bzw. Entwicklungsstörung beruht heutzutage grundsätzlich auf dem biopsychosozialen Modell (Petermann 2013; Schwenck 2018). Dieses geht von Wechselwirkungen zwischen (neuro-)biologischen und psychosozialen Einflussfaktoren aus, wobei die jeweilige Bedeutung dieser Faktoren – ähnlich der Anlage-Umwelt-Debatte bei der menschlichen Entwicklung (vgl. Abschn. 1.3) – kontrovers diskutiert wird. Die Positionierung in dieser Debatte ist entscheidend für die Art und Weise der Interventionen, mit denen auf die Abweichung oder Störung eingewirkt werden soll, z. B. für die Entscheidung, ob eine medikamentöse, eine psychotherapeutische oder auch eine kombinierte Behandlung durchgeführt wird.

▶ **Psychologische Intervention** „Intervention bezeichnet in der erweiterten Fassung ein psychologisches Handeln, das eine Verhaltensänderung anzielt, die das seelische Wohlbefinden verbessert oder herstellt und die systematisch kontrolliert wird" (Fisseni 2004, S. 5).

Die verschiedenen psychotherapeutischen Zugänge unterscheiden sich noch einmal in ihrem spezifischen Störungsverständnis. Während im verhaltenstheoretischen Paradigma ein lerntheoretisches Verständnis der Genese und der Therapie psychischer Störungen vorherrscht, betrachtet das psychodynamische Paradigma diese bzw. deren Symptome als sichtbare Zeichen innerer Konflikte. Im systemischen Paradigma wiederum werden psychische Störungen bzw. Symptome als Hinweis auf eine Fehlfunktion im sozialen System und im humanistisch-klientenzentrierten Paradigma als Zeichen eines Defizits an Bewusstheit und damit als Mangel an Wachstum der Person (Amelang und Schmidt-Atzert 2012) verstanden. Je nach Paradigma wird sich die konkrete psychotherapeutische Intervention erheblich unterscheiden.

3.2 Die Aufgaben von Lehrkräften bei Entwicklungsstörungen

Welche Aufgaben kommen nun aber Lehrkräften im Kontext von Entwicklungs- und psychischen Störungen des Kindes- und Jugendalters zu? Grundsätzlich liegen psychologische Diagnostik und psychotherapeutische Behandlungen in den Händen von dafür ausgebildeten Psycholog/innen und Psychotherapeut/innen. Dennoch spielen Lehrkräfte sowohl beim Erkennen von entsprechenden Störungen bei ihren Schüler/innen als auch bei der Etablierung und Umsetzung schulischer Fördermaßnahmen und manchmal auch im Rahmen einer komplexen psychotherapeutischen Intervention eine bedeutsame Rolle.

Zunächst fungieren Lehrkräfte als eine Art ‚Frühwarnsystem': Durch den täglichen Kontakt mit den Kindern und Jugendlichen fallen ihnen plötzliche oder auch allmähliche Veränderungen (z. B. bei den schulischen Leistungen, bei der Interaktion mit Mitschüler/innen) in aller Regel auf. Zudem verfügen sie aufgrund ihrer Erfahrungen über gute Vergleichsmöglichkeiten zur Gruppe Gleichaltriger (z. B. für einen typischen Verlauf des Erwerbs schulischer Fertigkeiten). Bei den Beobachtungen der Lehrkräfte geht es weder darum, eine psychologische Diagnose zu stellen, noch müssen diese überhaupt auf eine Entwicklungsstörung hindeuten. Aber sie können in Gesprächen mit den Schüler/innen oder/und deren Eltern resultieren, um sie verstehen und gegebenenfalls Unterstützung anstoßen zu können. Hier kann auch der schulpsychologische Dienst wertvolle Unterstützung leisten. Dieser berät sowohl Familien als auch Lehrkräfte und kann darüber hinaus bei Bedarf auch psychologische Diagnostik durchführen, Gutachten verfassen und einen Erstkontakt zu Psychotherapeut/innen herstellen.[2]

Das Wissen über den Unterschied zwischen typischen Schwierigkeiten und behandlungsbedürftigen Störungen (z. B. beim Schriftspracherwerb oder beim Verhalten), über angemessene Kommunikationswege mit den Eltern und natürlich

---

[2]Im Übrigen bieten viele Jugendämter eine anonyme Beratung von Lehrkräften an, z. B. wenn es um rechtlich bedeutsame Fragen im Zusammenhang mit einem Verdacht auf Kindesmisshandlung geht.

dem Kind sowie über mögliche unterstützende Maßnahmen und Institutionen erwerben angehende Lehrkräfte im Studium und darüber hinaus im Rahmen berufliche Fortbildungen. Bei bereits entsprechend fortgebildeten Kolleg/innen oder dem schulpsychologischen Dienst können sich Lehrkräfte zusätzlich Unterstützung holen. Zudem gibt es einschlägige Hand- oder Lehrbücher, die einen detaillierten und zugleich verständlichen Überblick über Entwicklungs- und psychische Störungen geben, wie z. B. das von Franz Petermann (2013) bereits in der siebten Auflage herausgegebene Lehrbuch der klinischen Kinderpsychologie.

Des Weiteren sind Lehrkräfte maßgeblich beteiligt, wenn es um die Gewährung und vor allem die Ausgestaltung eines s.g. Nachteilsausgleichs geht, der Kindern bei diagnostizierten Entwicklungs- oder psychischen Störungen zustehen kann. Der Nachteilsausgleich ist in den Schulgesetzen der Bundesländer verankert und sieht jeweils verschiedene Möglichkeiten vor, einen individuellen Nachteil (z. B. beim Arbeitstempo oder der Konzentrationsfähigkeit) auszugleichen. Somit ist ein solcher Ausgleich von Rechts wegen zu gewähren, welche Maßnahmen aber genau greifen, wird in den Klassen- bzw. Schulkonferenzen vor Ort festgelegt. Hierfür sind wiederum die Empfehlungen und Erfahrungen der Lehrkräfte bedeutsam. Ein Nachteilsausgleich kann vorübergehend oder langfristig notwendig sein und soll sicherstellen, dass möglichst alle Kinder eine Regelschule besuchen.

Eine weitere bedeutsame Position nehmen Lehrkräfte bei der Durchführung verschiedener Fördermaßnahmen ein (z. B. bei Lese-Rechtschreib-Störungen), zudem können sie im Prozess psychologischer Diagnostik und Intervention gefragte Ansprechpartner sein: Viele diagnostische Inventare enthalten Fragebögen für die Lehrkräfte, die damit um ihre Perspektive – z. B. auf das Verhalten eines Kindes im Unterricht – gebeten werden. Auch im Rahmen von psychotherapeutischen Interventionen können Lehrkräfte nach Absprache mit den Therapeut/innen, Eltern und natürlich den Kindern unterstützend tätig sein.

Abschließend soll auf die Präventionsfunktion von Lehrkräften im Hinblick auf Verhaltens- und psychische Störungen hingewiesen werden. Nicht selten sind schulische Arrangements, wie Leistungsdruck, offene soziale Vergleiche oder autoritäre Lehrer-Schüler-Verhältnisse mitauslösende Faktoren für solche Störungen. Schule und Unterricht als ein Miteinander (und weniger ein Gegeneinander) zu konzipieren, gewaltfreie Kommunikation zu befördern, Fehler als Teil des Lernprozesses wertzuschätzen und die Mitbestimmung aller, auch der Schüler/innen, einzufordern, reduziert Ängste und erhöht das gegenseitige Vertrauen bei eventuellen Schwierigkeiten. Zu spezifischen Themen (wie Stressprävention, gewaltfreie Kommunikation oder Essstörungen) liegen darüber hinaus evaluierte Präventionsprogramme für die Schule vor, die nach einer Fortbildung auch von Lehrkräften im Unterricht durchgeführt werden können.

3.3 Entwicklungsstörungen

3.3.1 Überblick

Im Unterkapitel F8 des fünften Kapitels des ICD-10 werden im Wesentlichen fünf[3] verschiedene Kategorien von Entwicklungsstörungen aufgeführt, deren zugehörige Symptomatik zu Funktionseinschränkungen in den sozialen Beziehungen, der Kommunikation und/oder den schulischen Fertigkeiten führen. Im Einzelnen handelt es sich hierbei um:

- Umschriebene Entwicklungsstörungen des Sprechens und der Sprache (F80), z. B. Artikulationsstörungen,
- Umschriebene Entwicklungsstörungen schulischer Fertigkeiten (F81), z. B. Lese-Rechtschreib-Störung (LRS),
- Umschriebene Entwicklungsstörungen der motorischen Funktionen (F82), z. B. Dyspraxie (Koordinationsstörung),
- Kombinierte umschriebene Entwicklungsstörungen (F83) und
- Tief greifende Entwicklungsstörungen (F84), z. B. frühkindlicher Autismus.

In jede der Kategorien fallen wiederum verschiedene Störungen bzw. Ausprägungen bestimmter Einschränkungen. So findet sich unter F81 neben der Lese-Rechtschreib-Störung (F81.0) auch die isolierte Rechtschreibstörung (F81.1), die Dyskalkulie (Rechenstörung, F81.2) und eine kombinierte Störung schulischer Fertigkeiten (F81.3). Gemeinsam ist allen Entwicklungsstörungen, dass sie im Kleinkindalter bzw. in der Kindheit beginnen, dass Funktionseinschränkungen vorliegen, die eng mit der Reifung des zentralen Nervensystems zusammenhängen, und dass ein stetiger Verlauf (ohne Symptomrückgänge und Rückfälle) beobachtet werden kann (Döpfner 2013, S. 35).

Um die Bedeutung von Entwicklungsstörungen abschätzen zu können, ist es zunächst einmal hilfreich zu wissen, wie häufig diese auftreten. Eine Kennziffer, die Auskunft über diese Häufigkeiten gibt, ist die *Prävalenz*.

---

[3]Hinzu kommen hier wie in jedem Unterkapitel noch *sonstige* bzw. *nicht näher bezeichnete* Störungen, die hier nicht näher erläutert werden.

▶ **Prävalenz** „Unter Prävalenz versteht man die Anzahl von Personen mit einer Störung im Verhältnis zur Gesamtgruppe" (Schwenck 2018, S. 639).

Die Prävalenz für die verschiedenen Störungen wird entweder als Punktprävalenz (Anzahl der Krankheitsfälle zu einem bestimmten Zeitpunkt) als Jahresprävalenz (Fälle der letzten 12 Monate) oder als Lebenszeitprävalenz angegeben. Prävalenzangaben erfolgen häufig als ungefähre Angabe mit einer bestimmten Bandbreite, da sich die entsprechenden Studien in ihren Methoden, Diagnosekriterien und/oder der Datenbasis teils erheblich unterscheiden (Schwenck 2018).

Für die umschriebenen Entwicklungsstörungen schulischer Fertigkeiten liegen beispielsweise folgende Angaben zur Prävalenz vor (Mähler und Grube 2018):

- Lese-Rechtschreib-Störung 5,0–5,2 %
- Rechenstörung 2,5–3,9 %
- Isolierte Rechtschreibstörung 3,2–5,0 %

Damit ist die Auftretenswahrscheinlichkeit deutlich höher als beispielsweise die der tief greifenden Entwicklungsstörungen, welche mit 0,6–0,65 % angegeben wird (Sinzig und Schmidt 2013).

Alle Entwicklungsstörungen resultieren in deutlichen Funktionseinschränkungen, die sowohl soziale als auch individuelle Konsequenzen nach sich ziehen. Die Bewältigung von Entwicklungsaufgaben (z. B. die soziale Interaktion mit Gleichaltrigen oder das Erlernen von Kulturtechniken) ist zumindest erschwert, familiäre Beziehungen sind oft belastet und der individuelle Leidensdruck des Kindes kann zu weiteren gesundheitlichen Problemen und psychischen Störungen führen, welche als *Komorbiditäten* bezeichnet werden.

Für die Bereiche Schule und Unterricht sind Entwicklungsstörungen höchst bedeutsam, da der Schulerfolg dieser Kinder in den meisten Fällen von einem frühzeitigen Erkennen potenzieller Schwierigkeiten, zusätzlicher Förderung, der Berücksichtigung von Nachteilsausgleichen und einer engen Kooperation vieler Beteiligter (Eltern, Lehrkräfte, Therapeut/innen usw.) abhängt. Im Folgenden wird die Lese-Rechtschreib-Störung beispielhaft genauer vorgestellt.

3.3.2 Beispiel Lese-Rechtschreib-Störung (LRS)

▶ **Lese-Rechtschreib-Störungen** „Lese-Rechtschreib-Störungen sind Beeinträchtigungen der Lese- und Rechtschreibkompetenzen, die nicht allein durch das Entwicklungsalter, durch inadäquate Beschulung oder durch nicht erkannte

3.3 Entwicklungsstörungen

visuelle oder auditive Verarbeitungsprobleme erklärbar sind. Lese-Rechtschreibstörungen sind nicht Folge anderer Störungen können aber zusammen mit diesen auftreten" (Günther 2007, S. 65).

Diese Definition benennt nicht nur das zentrale Merkmal einer LRS, sondern verweist zugleich auf wichtige Ausschlusskriterien. Dies sind Faktoren, die im diagnostischen Prozess ausgeschlossen werden müssen, um am Ende des Prozesses eine LRS feststellen zu können. Neben der Suche nach eventuellen Hör- oder Sehstörungen, welche den Schriftspracherwerb beeinträchtigen können und die natürlich entsprechend behandelt bzw. versorgt werden müssen, sollen neurologische Erkrankungen ebenso abgeklärt werden wie das Vorliegen einer Intelligenzminderung (d. h., ob ein IQ-Wert kleiner als 70 vorliegt). In Bezug auf die Intelligenz ist zudem das s.g. *Diskrepanzkriterium* zu beachten, das besagt, dass das Ergebnis in einem standardisierten Lese-Rechtschreib-Test deutlich (mindestens 1,2 Standardabweichungen) unter dem liegen muss, was aufgrund der Testintelligenz zu erwarten wäre (Günther 2007; Klicpera et al. 2017; Mähler und Grube 2018; Warnke und Baier 2013).

Beim Schriftspracherwerb fallen u. a. folgende typische Fehler und Schwierigkeiten auf, welche die Kinder selbst weder erkennen noch korrigieren können (ebd.):

- Beim Lesen: z. B. Auslassen, Ersetzen, Verdrehen oder Hinzufügen von Worten oder Wortteilen, Startschwierigkeiten beim Vorlesen, langes Zögern, Verlieren der Zeile im Text
- Beim Leseverständnis: z. B. Unfähigkeit, Gelesenes wiederzugeben, aus Gelesenem Schlüsse zu ziehen oder Zusammenhänge zu sehen
- Beim Schreiben: z. B.: Reversionen (b-d; p-q; u-n), Auslassungen von Buchstaben, Einfügen falscher Buchstaben.

LRS treten schichtunabhängig bei ca. 5 % der Kinder auf, wobei Jungen deutlich häufiger betroffen sind als Mädchen. Sie ziehen weitreichende Konsequenzen auf individueller, familiärer, sozialer und psychischer Ebene sowie eine ungünstige Schulprognose nach sich: Kinder mit einer LRS besuchen seltener ein Gymnasium, sie machen seltener Abitur und verlassen häufiger die Schule ohne Abschluss. Obwohl sich eine LRS nur auf einen Teilbereich schulischer Fertigkeiten bezieht, hat sie Folgen für die gesamte Entwicklung des Kindes. Daher benötigen die Kinder und Jugendlichen eine intensive und v. a. sehr spezifische Förderung und Unterstützung, in die auch das familiäre und schulische Umfeld des Kindes involviert ist (ebd.).

Die Ursachendiskussion bezieht sich auf das biopsychosoziale Modell und geht von einem multifaktoriellen Geschehen aus. Zum einen lassen sich familiäre Häufungen beobachten, was für eine gewisse genetische Disposition zu sprechen scheint. Zum anderen zeigen neuropsychologische Befunde eine beeinträchtigte Aktivierung der sprachverarbeitenden Areale im Gehirn. Dafür spricht, dass bei Kindern mit LRS häufig auch eine verzögerte Sprachentwicklung beobachtet wird. Zudem wird auf kognitiver Ebene von einer gestörten phonologischen Informationsverarbeitung ausgegangen, es bestehen Einschränkungen in der phonologischen Bewusstheit (Erkennen der Lautstruktur der Sprache), beim Recodieren (Wiederholung im Arbeitsgedächtnis als Voraussetzung für das Behalten) und beim Abruf phonologischer Codes aus dem Langzeitgedächtnis. Überdies scheinen auch soziale Faktoren, wie fehlende präliterale Erfahrungen, einen Beitrag zur Entstehung einer LRS zu leisten (ebd.).

Aus der Komplexität des Ursachengeschehens sowie den aus der Symptomatik resultierenden psychischen und sozialen Folgen leitet sich die Notwendigkeit komplexer Interventionen ab, welche gleichermaßen auf den Schriftspracherwerb wie auf schulpädagogische, familiäre und ggf. weitere psychotherapeutische Maßnahmen abzielen (ebd.).

Da sich Schwierigkeiten bei der phonologischen Informationsverarbeitung schon erkennen lassen, bevor der Schriftspracherwerb beginnt, sind Präventionsmaßnahmen bereits im Vorschulalter möglich. Diesbezügliche Programme für Kindergärten wie z. B. *Hören, Lauschen, Lernen* (Küspert und Schneider 2006) wurden erfolgreich evaluiert, was bedeutet, dass das Risiko einer LRS im Schulalter deutlich gesenkt werden kann.

Im Schulalltag werden LRS häufig leider erst spät erkannt und entsprechend sicher diagnostiziert. Dies liegt auch daran, dass Kinder mit LRS oft über gute Kompensationsmöglichkeiten, wie z. B. das Auswendiglernen, verfügen, die erst nach einigen Schuljahren an ihre Grenzen stoßen. Nicht selten liegen zum Zeitpunkt der Diagnosestellung als Grundlage für gezielte lerntherapeutische Interventionen bei den Kindern schon diverse Misserfolgserfahrungen und eine entsprechend reduzierte Lernmotivation (vor allem im Hinblick auf den Schriftspracherwerb) und psychische Begleiterkrankungen (z. B. Schulangst) vor. Dies rückt die Verantwortung von Lehrkräften in den Blick, die mit soliden Kenntnissen über die Spezifika einer LRS zu deren Früherkennung beitragen und den Kindern leidvolle Schulerfahrungen ersparen können.

Zur spezifisch auf den gestörten Schriftspracherwerb bezogenen Intervention liegen verschiedene, erfolgreich evaluierte Trainingsprogramme vor, die entweder in Kleingruppen (z. B. im Rahmen einer schulischen Fördergruppe) oder auch als Einzeltraining absolviert werden können. Diese orientieren sich an lerntheoretischen Prinzipien und folgen systematisch dem Verlauf des Schriftspracherwerbs. Beispiele hierfür sind das *Marburger Rechtschreibtraining* (Schulte-Körne und Mathwig 2019) oder für die Förderung des Lesens die *Lesespiele mit Elfe und Mathis* (Lenhard et al. 2018). Günstigenfalls ist ein solches Trainingsprogramm Teil einer umfassenden, therapeutischen (Familien-)Intervention, die von Psycholog/innen durchgeführt wird.

In allen Bundesländern besteht die Möglichkeit, Schüler/innen mit einer diagnostizierten LRS einen Nachteilsausgleich zu gewähren, sodass ihnen z. B. mehr Zeit für die Bewältigung von schriftlichen Aufgaben zur Verfügung steht. Werden die angesprochenen Maßnahmen ergriffen, lassen sich die Symptome deutlich reduzieren. Das bedeutet auch, dass sich eine LRS zwar nicht ‚heilen' lässt, jedoch können die Kinder und Jugendlichen durchschnittliche Lese- und Rechtschreibleistungen erzielen, was die Schulprognose verbessert und potenzielle psychosoziale Folgen zu vermeiden hilft.

3.4 Verhaltens- und emotionale Störungen

3.4.1 Überblick

Im Unterkapitel F9 des fünften Kapitels des ICD-10 werden sechs Kategorien von Verhaltens- und emotionalen Störungen dargestellt, die im Kindes- und Jugendalter beginnen und deren Symptome zu vielfältigen Funktionseinschränkungen führen können:

- Hyperkinetische Störungen (F90)
- Störungen des Sozialverhaltens (F91)
- Kombinierte Störung des Sozialverhaltens und der Emotionen (F92)
- Emotionale Störungen des Kindesalters (F93)
- Störungen sozialer Funktionen mit Beginn in der Kindheit und Jugend (F94)
- Ticstörungen (F95)

Wiederum fallen in jede der Kategorien verschiedene Störungen bzw. Ausprägungen, beispielsweise sind unter F93 die emotionale Störung mit Trennungsangst im Kindesalter (F93.0), die phobische Störung des Kindesalters (F93.1), die Störung mit sozialer Ängstlichkeit des Kindesalters (F93.2) und die emotionale Störung mit Geschwisterrivalität (F93.3) aufgeführt. Eine Verhaltensstörung ist dann gegeben, wenn das Verhalten des Kindes sowohl von der Erwartungsnorm abweicht als auch in einer Beeinträchtigung des Kindes bzw. seiner sozialen Umwelt resultiert (Schwenck 2018).

Unter einer behandlungsbedürftigen psychischen Störung des Verhaltens leiden in Deutschland etwa 10–15 % aller Kinder, wobei sich die Prävalenz zwischen den verschiedenen Verhaltensstörungen erheblich unterscheiden kann. Angststörungen und hier insbesondere die Trennungsangst sind die häufigsten im Kindesalter auftretenden psychischen Störungen (Prävalenz 10 %), gefolgt vom Aufmerksamkeitsdefizit- und Hyperaktivitätssyndrom (ADHS: 3,6–6,7 %) und den Störungen des Sozialverhaltens (4,2 %) (ebd.).

Auch Verhaltens- und emotionale Störungen führen zu erheblichen Funktionseinschränkungen (z. B. Beeinträchtigung des Kindergarten- oder Schulbesuchs) und haben teilweise schwerwiegende Konsequenzen auf sozialer und individueller Ebene (z. B. kein Regelschulbesuch bei schweren Verhaltensstörungen mit Gefährdung anderer bzw. wiederum Komorbiditäten). Gerade im Rahmen des Schulbesuchs sind die Herausforderungen für alle Beteiligten oft immens: Störungen des Unterrichts (z. B. durch Hyperaktivität) oder des sozialen Miteinanders (z. B. durch Gewalttätigkeiten), Vermeidung des Schulbesuchs (z. B. durch Trennungsangst) oder nicht ausgeschöpftes Potenzial im Lernprozess (z. B. durch soziale Ängste). Neben den bereits oben angesprochenen nötigen Kenntnissen hinsichtlich des Erkennens solcher Störungen und des Wissens um mögliche Maßnahmen sind Lehrkräfte in der Arbeit mit jenen Kindern auch pädagogisch besonders gefordert, denn diese stören gewohnte Abläufe oft massiv. In dieser Situation nicht aus dem Blick zu verlieren, dass die Kinder oft einen enormen Leidensdruck haben und das Störverhalten nicht Ausdruck von Mutwilligkeit oder schlechter Erziehung ist, sondern komplexe Ursachen hat, kann erheblich zur Reduktion der Symptomatik beitragen und therapeutische sowie Fördermaßnahmen unterstützen. Im Folgenden wird die Trennungsangst im Kindesalter beispielhaft genauer vorgestellt.

3.4.2 Beispiel Trennungsangst

▶ **Trennungsangst** Als einzige Angststörung, die laut Definition im Kindesalter beginnt, ist die Trennungsangst durch eine übermäßige, existentielle Angst des Kindes vor der Trennung von den Eltern bzw. den engsten Bezugspersonen gekennzeichnet. Neben der Trennung selbst kann bereits die Erwartung einer Trennung Symptome auf körperlicher (Zittern, Schwitzen), kognitiver (Katastrophengedanken) und Verhaltensebene (Vermeidung) hervorrufen (Klicpera und Gasteiger-Klicpera 2007; Suhr-Dachs und Petermann 2013).

3.4 Verhaltens- und emotionale Störungen

Gerade bei kindlichen Ängsten ist es bedeutsam, entwicklungstypische Ängste (z. B. das Fremdeln im ersten Lebensjahr oder die Angst vor Phantasiegestalten im Vorschulalter) von jenen zu unterscheiden, welche die Kriterien für eine Störung erfüllen. Zentrale Merkmale einer Störung sind die Unangemessenheit einer Angst, die überdies nicht altersgemäß und gemessen an der objektiven Bedrohungslage unrealistisch und übertrieben sein muss (Klicpera und Gasteiger-Klicpera 2007; Schwenck 2018; Suhr-Dachs und Petermann 2013).

Die Trennungsangst ist die häufigste Angststörung im Kindes- und Jugendalter. Betroffene sind in ihrem Alltag stark eingeschränkt, zum einen durch die Symptomatik selbst und zum anderen durch soziale Folgen, wie die Vermeidung des Schulbesuchs. Der Leidensdruck der Kinder und Jugendlichen sowie der Bezugspersonen ist oft hoch, ebenso die Gefahr der Ausbildung von Komorbiditäten, wie weitere Angststörungen oder Depressionen. Die Trennungsangst wächst sich anders als die entwicklungstypischen Ängste mit dem Älterwerden nicht einfach aus, Studien zeigen vielmehr, dass Trennungsängste in der Kindheit ein Prädiktor für psychische Störungen im Erwachsenenalter sind (ebd.).

Auch die Genese von Angststörungen wird im Rahmen des biopsychosozialen Modells diskutiert. Neben einer vermutlich genetisch bedingten Prädisposition für eine erhöhte Sensibilität für Belastungen gelten familiäre Bedingungen (z. B. chronisch oder psychisch kranke Eltern), eine Verzerrung der kognitiven Informationsverarbeitung und spezifische familiäre Interaktionen als ursächlich für Angststörungen. Zu den kognitiven Faktoren gehören s.g. negative Schemata, die bei der Wahrnehmung von Situationen zu einer Überschätzung der Bedrohungslage, einer Unterschätzung eigener Bewältigungsmöglichkeiten und negativen Selbstverbalisierungen führen. Zudem sind familiäre Interaktionen häufig durch ein überbehütendes und kontrollierendes Elternverhalten gekennzeichnet, das die kindliche Autonomie reduziert (ebd.).

Trennungsängste beeinträchtigen den Schulbesuch oft massiv. Neben häufigen Fehlzeiten sind die Kinder durch Rückzugs- und Vermeidungsverhalten aber auch durch Konzentrations- und Aufmerksamkeitsprobleme sowie körperliche Beschwerden (Kopf- und Bauchschmerzen) in ihrer Leistungsfähigkeit und in ihren Interaktionen mit den anderen Kindern beeinträchtigt. Damit kommt Lehrkräften wiederum eine bedeutsame Rolle im Umgang mit diesen Kindern und ihren Eltern zu. Neben der Implementierung eines angstfreien Lern- und Klassenklimas und eines ressourcenorientierten Feedbacks sowie der Vermeidung von Stigmatisierung oder sogar Mobbing als allgemein-präventive Maßnahmen können sie für Kinder mit Trennungsängsten als unterstützender Teil eines komplexen Interventionsgeschehens fungieren. Dieses besteht vorrangig aus einer (meist kognitiv-verhaltensorientierten) Psychotherapie außerhalb der Schule, welche die Ängste reduzieren und Bewältigungsstrategien aufbauen soll. Gerade bei Trennungsängsten werden hierbei regelhaft die Eltern einbezogen, mit denen an den aufrechterhaltenden familiären Interaktionen sowie dem Erziehungsverhalten gearbeitet wird. Lehrkräften kann in Absprache mit der Psychotherapeutin im Rahmen eines solchen Ansatzes die Aufgabe zukommen, Vermeidungsverhalten in der Schule abzubauen, bei dem gemeinsam mit dem Kind ausgearbeitete Vereinbarungen (z. B. bezogen auf die morgendliche Trennungssituation) eingehalten werden (ebd.).

3.5 Psychische Störungen

3.5.1 Überblick

Über die spezifisch auf das Kindes- und Jugendalter bezogenen Entwicklungs- und psychischen Störungen hinaus werden verschiedene andere Störungskategorien des fünften Kapitels des ICD-10 auf Kinder und Jugendliche angewandt, bei denen dann die gleichen Kriterien wie für Erwachsene gelten. Besonders hervorzuheben sind hierbei:

- Depressive Störungen (F32) im Unterkapitel 3 (Affektive Störungen)
- Essstörungen (F50) im Unterkapitel 5 (Verhaltensauffälligkeiten mit körperlichen Störungen und Faktoren)
- Posttraumatische Belastungsstörungen (PTBS, F43.1) im Unterkapitel 4 (Neurotische, Belastungs- und somatoforme Störungen)

Depressionen werden häufiger und unter anderem auch von der Weltgesundheitsorganisation als (neue) Volkskrankheit bezeichnet, da die entsprechenden Diagnosestellungen in den vergangenen Jahren deutlich und auch weltweit gestiegen sind. Ob es sich um einen tatsächlichen Anstieg der Krankheitshäufigkeit, eine größere Bereitschaft, mit entsprechenden Symptomen ärztliche Hilfe in Anspruch zu nehmen, oder um ein für psychische Erkrankungen zunehmend sensibleres medizinisches System handelt, ist allerdings unklar. Depressionen haben ihren Beginn häufig bereits im Jugendalter oder sogar in der Kindheit. Ungefähr 10 % aller Jugendlichen erleben vor dem Erwachsenenalter mindestens eine depressive Episode, bei Kindern liegt die Prävalenz immer noch bei 1–2 % (Groen und Petermann 2013).

Essstörungen wie die Anorexia Nervosa (Magersucht) oder die Bulimia Nervosa (Ess-Brech-Sucht) haben eine Lebenszeitprävalenz von 0,8 bis 3,0 %.

3.5 Psychische Störungen

Gestörtes Essverhalten wird seit einigen Jahren verstärkt thematisiert, insbesondere inwiefern gesellschaftliche Entwicklungen, problematische Vorbilder oder ein wachsender Selbstoptimierungsdruck die Fallzahlen steigen lassen. Klinische Studien scheinen allerdings dafür zu sprechen, dass dies nicht der Fall ist. Insbesondere die Anorexie beginnt häufig im Jugendalter, Mädchen und Frauen sind deutlich häufiger betroffen als Jungen und Männer. Letzteres ist auch bei der Bulimie der Fall, diese beginnt allerdings oft etwas später, im jungen Erwachsenenalter (Tuschen-Caffier und Bender 2013).

Posttraumatische Belastungsstörungen treten nach dem Erleben katastrophaler Ereignisse auf, wie zum Beispiel nach Unfällen, Naturkatastrophen, erlebter sexueller oder physischer Gewalt oder nach Kriegserlebnissen. Entgegen früherer Annahmen muss heute davon ausgegangen werden, dass auch Kinder nach solchen Ereignissen eine PTBS entwickeln können. Angaben zu den Häufigkeiten einer PTBS im Kindes- und Jugendalter gehen weit auseinander, auch da die Gefahr, bestimmten Ereignissen ausgesetzt zu sein, regional sehr unterschiedlich ist. Zudem liegt sie nach Unfällen oder Naturkatastrophen niedriger als beim Erleben von physischer Gewalt und Kriegshandlungen (Rosner 2013).

Alle drei aufgeführten Störungen ziehen einen starken Leidensdruck und erhebliche Schwierigkeiten im sozialen Leben (z. B. Vermeidungsverhalten oder Aggressivität) nach sich und haben weitere Konsequenzen für die individuelle physische und psychische Gesundheit. Depressionen können zu Suizidversuchen führen. Unterernährung aufgrund einer Magersucht führt zu körperlichen Erkrankungen und hat bei stationär aufgenommenen Mädchen und Frauen eine Sterberate von 10 %. Eine PTBS kann bei Kindern und Jugendlichen Regressionen (z. B. erneutes Einnässen), Erinnerungslücken und weiteren psychischen Störungen (z. B. Depressionen, Substanzmissbrauch) hervorrufen.

In Schule und Unterricht sind betroffene Kinder und Jugendliche oft durch Vermeidungsverhalten, sozialen Rückzug, Konzentrationsschwierigkeiten, aggressives Verhalten oder lange Fehlzeiten (z. B. aufgrund stationärer Behandlungen) benachteiligt. Lehrkräfte sind hier besonders mit ihren fast täglichen Beobachtungen der Jugendlichen gefragt, denn nicht selten verändern diese im Zuge der Störung ihr Verhalten grundlegend (z. B. Rückzug, starker Gewichtsverlust oder Reizbarkeit). Gerade PTBS sind bei aus Kriegsgebieten zugewanderten Jugendlichen nicht selten Ursache für auffälliges Verhalten in der Schule. Dies zu erkennen und im Gespräch mit den Jugendlichen und ggf. den Eltern sowie weiteren Professionellen (z. B. Schulpsycholog/innen) Hilfsmöglichkeiten auszuloten, kann ein erster Schritt zu einer notwendigen Therapie sein, die dann Aufgabe klinischer Psychotherapeut/innen ist. Im Folgenden werden Depressionen beispielhaft genauer vorgestellt.

3.5.2 Beispiel Depression

▶ **Depression** Niedergedrückte Stimmung, Traurigkeit oder Unglücklichsein, z. B. als Reaktion auf eine Enttäuschung, sind häufige Erfahrungen im menschlichen Lebenslauf. Krankheitswertig wird ein solcher Zustand erst dann, wenn er weder mit Anstrengung noch mit Willenskraft überwunden werden kann, die Symptomatik über einen längeren Zeitraum (mindestens zwei Wochen) stabil bleibt und die soziale Funktionstüchtigkeit (z. B. der Schulbesuch) stark beeinträchtigt ist (Essau 2007; Groen und Petermann 2013).

Kernsymptome einer depressiven Störung sind eine depressive Stimmung in außergewöhnlichem Ausmaß, der Verlust an Freude und Interesse an sonst angenehmen Tätigkeiten sowie ein verminderter Antrieb bzw. eine gesteigerte Ermüdbarkeit. Hinzu können weitere Symptome (Schuldgefühle, Suizidgedanken) sowie körperliche Beschwerden (Schlafstörungen, Appetitverlust) kommen. Bei Kindern kann sich die Niedergeschlagenheit auch in gereizter Stimmung äußern, hinzu kommen können Trennungsängste, somatische Beschwerden (Kopf- und Bauchschmerzen) und sozialer Rückzug (Essau 2007; Groen und Petermann 2013; Schwenck 2018).

Bei Kindern und Jugendlichen treten häufig auch Symptome anderer psychischer Störungen auf, wie (Trennungs-)Ängste oder Essstörungen – vermutlich auch ein Grund, warum Depressionen bei diesen Altersgruppen früher übersehen worden sind. Die akuten wie die langfristigen Folgen einer Depression im Kindes- und Jugendalter sind gravierend. Akut bestehende Konzentrationsschwächen erschweren den Schulbesuch zusätzlich, nicht selten kommt es zu einem Leistungseinbruch. Der Verlust sozialer Kontakte und die Unmöglichkeit, sich selbst aus dieser Situation herauszumanövrieren – was im sozialen Umfeld oft auf Unverständnis stößt –, steigern die Verzweiflung weiter. Langfristig ist häufig ein chronischer Verlauf zu beobachten. Auch wenn Kinder zunächst schneller zu genesen scheinen, zeigen Studien, dass ein frühes Ersterkrankungsalter auf anhaltende und schwere Verläufe hinweist. Im Erwachsenenalter leiden sie häufiger unter psychischen Störungen und Schwierigkeiten in Partnerschaft und Beruf, haben häufiger Selbstmordgedanken und begehen auch häufiger Suizid (ebd.).

Wiederum wird bei der Genese einer Depression von einem multifaktoriellen Geschehen ausgegangen. Biologische (genetische Disposition, Hirnstoffwechselanomalien), kognitive (verzerrte Verarbeitungs- und Bewertungsmuster), familiäre (Trennungs- und Verlusterfahrungen) und soziale Faktoren (z. B. belastende Erfahrungen im Freundeskreis) wirken zusammen. Ebenfalls bedeutsam können kritische Lebensereignisse (z. B. Erkrankungen), aber auch Stress (schulische Überforderungen oder Misserfolge) sein (ebd.).

Eine Depression ist eine behandlungsbedürftige psychische Störung. Die komplexen Ursachen führen zu einer ebenso komplexen ambulanten oder auch stationären Intervention, die aus psychotherapeutischen Maßnahmen (z. B. eine kognitive Verhaltenstherapie), Familienberatung und manchmal auch einer Medikamentengabe besteht (ebd.).

Dennoch können auch Lehrkräfte beim Erkennen einer Depression eine bedeutsame Rolle spielen. Sie begleiten Schüler/innen oft über einen längeren Zeitraum, können Veränderungen im Verhalten und natürlich auch bei den schulischen Leistungen gut beurteilen und entsprechende Beobachtungen im Gespräch mit den Schüler/innen und den Eltern thematisieren. Zudem besteht die Möglichkeit, das Thema Stress, dessen Auslöser und mögliche Bewältigungsstrategien, als Unterrichtsgegenstand zu implementieren. Für die Grundschule haben Klein-Heßling und Lohaus (2012) mit dem Stresspräventionstraining für Kinder im Grundschulalter ein spezifisches Präventionsprogramm entwickelt.

3.6 Zusammenfassung

Fazit

Ob das Erleben, Verhalten oder spezifische Fähigkeiten von Menschen durch andere oder die Person selbst als ‚gestört' bewertet werden, hängt von dem dieser Bewertung zugrunde liegenden Normbegriff ab. ‚Entwicklungsstörung' bedeutet also nicht, dass das Kind oder der Jugendliche gestört wäre, sondern dass Entwicklungsprozesse nicht so verlaufen, wie dies für die Mehrheit der Kinder und Jugendlichen zutrifft (= statistische Norm). Der jeweilige Normbegriff solcher Bewertungen muss stets reflektiert werden, denn die Zuschreibungen einer anormalen oder gestörten Entwicklung kann durchaus zu einem Stigma werden, das die Aufwachsenden noch mehr beeinträchtigt. Andererseits ist ein Erkennen verschiedener Problemlagen für das Gewähren von Unterstützungsleistungen aber auch notwendig.

Klassifikationssysteme, die zur Beurteilung von Entwicklungsprozessen dienen (z. B. das ICD-10), beziehen in ihre Kriterien verschiedene Normbegriffe mit ein. Unterschieden wird hier zwischen Entwicklungsstörungen (z. B. Lese-Rechtschreib-Störung), Verhaltens- und emotionalen Störungen mit Beginn in der Kindheit (z. B. Trennungsangst) und psychischen Störungen, die eben auch Kinder und Jugendliche betreffen können (z. B. Depressionen). Neben der Feststellung einer Störung als solcher ist vor allem die Klärung der Ursachen bedeutsam, um entsprechende Unterstützungs-, Förder- oder Therapiemaßnahmen einleiten zu können. Hierfür zentraler Bezugspunkt ist das biopsychosoziale Modell der Genese von psychischen und Entwicklungsstörungen, das von einer Wechselwirkung zwischen (neuro-)biologischen und psychosozialen Faktoren ausgeht. In jedem Fall muss die vorliegende Ursachkonfiguration individuell geklärt werden, um Interventionsmaßnahmen wirksam einsetzen zu können. Diese fokussieren immer eine Reduktion des individuellen Leidensdrucks und eine Verbesserung der Lebensbewältigung der Kinder und Jugendlichen, was meist den Lebensraum Schule einschließt.

Die Diagnostik und Therapie von Entwicklungs- und psychischen Störungen ist Aufgabe von Psycholog/innen und Psychotherapeut/innen. Dennoch kommt pädagogischen Fachkräften über die Unterrichtsgestaltung und schulische Fördermaßnahmen hinaus sowohl beim Erkennen solcher Störungen als auch bei der Unterstützung der therapeutischen Maßnahmen oft eine große Bedeutung und Verantwortung zu. ◄

Literatur

Amelang, M., & Schmidt-Atzert, L. (2012). *Psychologische Diagnostik und Intervention*. Heidelberg: Springer.
Breitenbach, E. (2019). *Diagnostik. Eine Einführung*. Wiesbaden: Springer VS.
Döpfner, M. (2013). Klassifikation und Epidemiologie psychischer Störungen. In F. Petermann (Hrsg.), *Lehrbuch der klinischen Kinderpsychologie*. (7. Aufl., S. 31–56). Göttingen: Hogrefe.
Essau, C. A. (2007). *Depression bei Kindern und Jugendlichen*. München: Reinhardt.
Fisseni, H.-J. (2004). *Lehrbuch der psychologischen Diagnostik. Mit Hinweisen zur Intervention* (3. Aufl.). Göttingen: Hogrefe.
Francis, A. (2013). *Normal. Gegen die Inflation psychiatrischer Diagnosen*. Köln: Dumont.
Groen, G., & Petermann, F. (2013). Depressive Störungen. In F. Petermann (Hrsg.), *Lehrbuch der klinischen Kinderpsychologie* (7. Aufl., S. 439–458). Göttingen: Hogrefe.
Günther, H. (2007). *Schriftspracherwerb und LRS Methoden, Förderdiagnostik und praktische Hilfen*. Weinheim: Beltz.
Klein-Heßling, J., & Lohaus, A. (2012). *Stresspräventionstraining für Kinder im Grundschulalter* (3. Aufl.). Göttingen: Hogrefe.
Klicpera, C., & Gasteiger-Klicpera, B. (2007). *Psychische Störungen im Kindes- und Jugendalter*. Wien: Facultas.
Klicpera, C., Schabmann, A., & Gasteiger-Klicpera, B. (2017). *Legasthenie-LRS. Modell, Diagnose, Therapie und Förderung* (5. Aufl.). München: Ernst Reinhardt.

Küspert, P., & Schneider, W. (2006). *Hören, Lauschen, Lernen, Sprachspiele für Kinder im Vorschulalter*. Göttingen: Vandenhoeck & Ruprecht.

Lenhard, A., Lenhard, W., & Küspert, P. (2018). *Lesespiele mit Elfe und Mathis: Computerbasierte Leseförderung für die erste bis vierte Klasse* (2. Aufl.). Göttingen: Hogrefe.

Mähler, C., & Grube, D. (2018). Lernstörungen. In W. Schneider & U. Lindenberger (Hrsg.), *Entwicklungspsychologie* (8. Aufl., S. 623–636). Weinheim: Beltz.

Petermann, F. (Hrsg.). (2013a). *Lehrbuch der klinischen Kinderpsychologie* (7. Aufl.). Göttingen: Hogrefe.

Petermann, F. (2013b). Grundbegriffe und Konzepte der klinischen Kinderpsychologie. In F. Petermann (Hrsg.), *Lehrbuch der klinischen Kinderpsychologie* (7. Aufl., S. 15–30). Göttingen: Hogrefe.

Rosner, R. (2013). Posttraumatische Belastungsstörungen. In F. Petermann (Hrsg.), *Lehrbuch der klinischen Kinderpsychologie* (7. Aufl., S. 403–422). Göttingen: Hogrefe.

Schulte-Körne, G., & Mathwig, F. (2019). *Das Marburger Rechtschreibtraining: Ein regelgeleitetes Förderprogramm für rechtschreibschwache Kinder*. Bochum: Dieter Winkler.

Schwenck, C. (2018). Externalisierende und internalisierende Verhaltensstörungen des Kindes- und Jugendalters. In W. Schneider & U. Lindenberger (Hrsg.), *Entwicklungspsychologie* (8. Aufl., S. 637–650). Weinheim: Beltz.

Sinzig, J., & Schmidt, M. H. (2013). Tiefgreifende Entwicklungsstörungen. In F. Petermann (Hrsg.), *Lehrbuch der klinischen Kinderpsychologie* (7. Aufl., S. 137–164). Göttingen: Hogrefe.

Suhr-Dachs, L., & Petermann, U. (2013). Trennungsangst. In F. Petermann (Hrsg.), *Lehrbuch der klinischen Kinderpsychologie* (7. Aufl., S. 353–368). Göttingen: Hogrefe.

Tuschen-Caffier, B., & Bender, C. (2013). Anorexia Nervosa und Bulimia Nervosa. In F. Petermann (Hrsg.), *Lehrbuch der klinischen Kinderpsychologie* (7. Aufl., S. 569–588). Göttingen: Hogrefe.

Warnke, A., & Baier, E. (2013). Umschriebene Lese-Rechtschreibstörung. In F. Petermann (Hrsg.), *Lehrbuch der klinischen Kinderpsychologie* (7. Aufl., S. 165–180). Göttingen: Hogrefe.

Weiterführende Literatur

Breitenbach, E. (2019). *Diagnostik. Eine Einführung*. Wiesbaden: Springer VS. *(Enthält einen prägnanten Überblick über die Grundlagen von und die Unterschiede zwischen pädagogischer und psychologischer Diagnostik mit anwendungsorientierten Beispielen).*

Petermann, F. (Hrsg.). (2013). *Lehrbuch der klinischen Kinderpsychologie*. (7. Aufl.). Göttingen: Hogrefe. *(Enthält einen umfangreichen und fundierten Überblick über verschiedene Entwicklungs-, Verhaltens- und psychischen Störungen sowie chronische Erkrankungen des Kindes- und Jugendalters sowie die verschiedenen Förder- und Therapieansätze).*

Vernooij, M. A., & Wittrock, M. (2008). *Verhaltensgestört!?: Perspektiven, Diagnosen, Lösungen im pädagogischen Alltag.* Paderborn: Schöningh. *(Anhand der Fallgeschichte von ‚Klaus' werden in diesem Buch verschiedene therapeutische und pädagogische Förderansätze vorgestellt. Jeder Ansatz schlägt auf der Basis der eigenen Grundannahmen eine bestimmte Vorgehensweise vor, wodurch diese Annahmen transparent und in ihrer Wirkungsweise deutlich werden. In der Biografie von ‚Klaus' zeigt sich überdies die besondere Bedeutung von Schule, Unterricht und Lehrkräften für den Entwicklung von belasteten Kindern, die oft jedoch vorrangig als ‚störend' wahrgenommen werden).*

Die Erforschung menschlicher Entwicklung: Wandel und Kontinuität

4

▶ Die Wissensbestände zur menschlichen Entwicklung sind seit dem Beginn ihrer wissenschaftlichen Erforschung enorm angewachsen. Die Interessen (Forschungsfragen), die Art und Weise ihrer Erforschung (Methoden) und deren Begründungen (Methodologien) haben sich seitdem mehrfach verändert. Welches aber ist nun der aktuelle Stand der Forschung zu menschlicher Entwicklung bzw. (wie) lässt sich dieser eigentlich bestimmen? Wie wird Wissen über die menschliche Entwicklung generiert, welche Forschungsmethoden werden eingesetzt und warum? In welcher Weise haben sich die Fragestellungen und Methoden historisch gewandelt, welche Kontinuitäten gibt es? Und welche besonderen Schwierigkeiten und ethischen Herausforderungen stellen sich insbesondere in der Forschung mit Kindern? Antworten auf diese Fragen werden in diesem Kapitel diskutiert und an Beispielen veranschaulicht.

4.1 Stand der Forschung oder Stand des Diskurses?

Wie in den meisten wissenschaftlichen Disziplinen gibt es in der Psychologie nicht eine gemeinsame theoretische Basis, über die sich alle Forschenden einig sind und in deren Rahmen die Forschungsaktivitäten stattfinden. Abgesehen von der sehr allgemeinen Gegenstandsbestimmung der Psychologie, nach der diese die Wissenschaft vom Erleben und Verhalten sei (vgl. z. B. Gazzaniga et al. 2017), auf die sich die meisten Psycholog/innen noch verständigen können, gibt es diverse Paradigmen, Theorien und Methoden, an denen sich Forschende (und Praktiker/innen) orientieren. Dies trifft auch für die Teildisziplin der

Entwicklungspsychologie zu. Damit geht eine enorme Vielfalt, aber auch eine gewisse Unübersichtlichkeit in Bezug auf die Darstellung des aktuellen Forschungs- und Wissenstands einher. Im Folgenden werden zunächst einschlägige Fachzeitschriften und danach verbreitete Lehrbücher der Entwicklungspsychologie nach Hinweisen auf den aktuellen Forschungsstand des Faches untersucht.

4.1.1 Zum Forschungsstand in Fachzeitschriften

Ein möglicher Weg, um einen Überblick über den aktuellen Forschungsstand zu bekommen, ist ein Blick in die am meisten rezipierten Fachzeitschriften der Entwicklungspsychologie. Für den deutschen Sprachraum ist dies beispielsweise die *Zeitschrift für Entwicklungspsychologie und pädagogische Psychologie* (der gleichnamigen Fachgruppen bei der Deutschen Gesellschaft für Psychologie). Wie die Benennung bereits vermuten lässt, dominieren hier Beiträge, die sich (anwendungsbezogen) mit der Entwicklung von schulrelevanten Kompetenzen befassen. Zudem gibt es mit der eher klinisch orientierten *Praxis der Kinderpsychologie und Kinderpsychiatrie* eine Fachzeitschrift, die vorrangig Artikel über Entwicklungsstörungen im Kindes- und Jugendalter bzw. deren Behandlung oder Prävention enthält. Spezielle Themenhefte, welche die Zeitschriften zu als besonders relevant betrachteten Fragen auflegen, geben einen kleinen Aufschluss über aktuelle Forschungsgebiete – wie z. B. ein Themenheft zu *Geschlechtsstereotypen in der Schule* (2019 in der *Zeitschrift für Entwicklungspsychologie und pädagogische Psychologie*) und Themenhefte zu *Risikoverhalten* oder zu *Achtsamkeit* (beide 2020 in der *Praxis der Kinderpsychologie und Kinderpsychiatrie*). Ein breiter Überblick über den allgemeinen Forschungsstand zur menschlichen Entwicklung lässt sich so nicht gewinnen.

Bei einem Blick in den englischsprachigen Wissenschaftsraum fällt zunächst auf, dass die Zahl auf Englisch erscheinender entwicklungspsychologischer Fachzeitschriften deutlich höher ist. Sehr verbreitet und mit einem hohen Impact-Faktor[1] versehen sind beispielsweise *Developmental Psychologie* (der American Psychological Association), das *British Journal of Developmental Psychology*

---

[1]Der Impact-Faktor einer Fachzeitschrift ergibt sich aus der Häufigkeit, mit der Artikel aus dieser Zeitschrift in anderen Fachzeitschriften zitiert werden. Aus der Höhe des Impact-Faktors werden Rückschlüsse auf die Wirkung (den Einfluss) der betreffenden Fachzeitschrift gezogen.

4.1 Stand der Forschung oder Stand des Diskurses?

(der British Psychological Society) und das *European Journal of Developmental Psychology* (der European Association of Developmental Psychology). Diese Zeitschriften erscheinen zwischen vier- und zwölfmal im Jahr und enthalten eine Vielzahl von Beiträgen, die sich meist auf empirische Forschungsarbeiten der Autor/innen beziehen. Wer auf der Suche nach neuesten Forschungsarbeiten zu einem bestimmten entwicklungspsychologischen Thema ist (z. B. der emotionalen oder kognitiven Entwicklung), wird in diesen Zeitschriften sicher fündig, für allgemeinere Aussagen zum Stand der Forschung zur menschlichen Entwicklung ist die Fülle an unterschiedlichen Beiträgen wiederum nicht geeignet. Dies bedeutet aber nicht, dass sich durch einen Blick in die Fachzeitschriften keine Erkenntnisse über den (Zu-)Stand der Forschung zu menschlicher Entwicklung gewinnen lassen.

Zunächst ist festzustellen, dass die Wissenschaftssprache in diesem Bereich ganz klar Englisch ist; die Mehrzahl aller Fachbeiträge wird in dieser Sprache publiziert, selbst in den deutschen Fachzeitschriften erscheinen häufiger englischsprachige Artikel – auch von deutschen Autor/innen. Mit der Vorherrschaft einer Sprache gehen neben dem Vorteil einer breiten Verständlichkeit auch Nachteile einher, da sich Autor/innen aus nicht englischsprachigen Regionen an bestimmte Wissenschaftstraditionen und -standards anpassen müssen. Die (auch vorhandene) Vielfalt an erkenntnistheoretischen Positionen und damit zusammenhängend an methodischen Zugängen geht zwar nicht gänzlich verloren, da solche Beiträge in anderen Fachzeitschriften eingereicht werden könnten, bildet sich aber in den einflussreichsten Journalen zur menschlichen Entwicklung nicht umfänglich ab.

Dieser Trend zur Vereinheitlichung wird durch die fast gleichlautenden Zielbestimmungen der Zeitschriften und den damit einhergehenden Anforderungen an dort einzureichende Artikel verstärkt. Beispielsweise werden vorrangig empirische Beiträge gewünscht (dies trifft auch auf die genannten deutschsprachigen Zeitschriften zu), teilweise wird die Möglichkeit zur Einreichung von theoretischen oder methodologischen Beiträgen zumindest mit erwähnt. Bereits ein kursorischer Blick auf die Beiträge der jeweils jüngsten Ausgaben[2] zeigt, dass diese sich mehrheitlich auf Studien der jeweiligen Autor/innen beziehen,

---

[2] Stand September 2020 anhand der Homepages der Zeitschriften. Der Stand zu diesem Zeitpunkt stellt allerdings keineswegs eine Ausnahme dar, die Autorin verfolgt die Veröffentlichungen der genannten Zeitschriften seit vielen Jahren kontinuierlich – er ist überdies auf den Homepages über die dortigen Archive für mehrere zurückliegende Jahre nachvollziehbar.

die oft sehr spezifische Fragestellungen untersuchen und die überdies klar dem quantitativen Forschungsparadigma zuzuordnen sind. Neben einem empirischen Wissenschaftsverständnis, nach dem Erkenntnis aus Erfahrung, genauer aus mit bestimmten Methoden gewonnenen Daten resultiert, zeigt sich damit auch ein spezifisches Verständnis von *Entwicklung,* nämlich als ein Prozess, der in kleine und kleinste Einzelprozesse zerlegt und gemessen werden kann. Hierbei ist weder die sich entwickelnde Person in ihrer Gesamtheit im Blick noch ihr soziokultureller Kontext – Letzterer wird meist auf den s. g. sozioökonomischen Status (ggf. der Eltern) reduziert.

Es finden sich kaum oder auch gar keine Auseinandersetzungen mit der eigenen Disziplin (eine Ausnahme ist das Themenheft zur *Historical Developmental Psychology* im *European Journal of Developmental Psychology* von 2017), qualitative Forschungsarbeiten oder Reflexionen zur Relevanz der eigenen Forschungsergebnisse jenseits des jeweiligen Untersuchungskontextes. All dies findet gleichwohl statt, wird aber entweder in anderen psychologischen Zeitschriften veröffentlicht oder anderen Disziplinen überlassen – wie beispielsweise den überwiegend soziologischen Childhood Studies.

Somit gewähren einschlägige Fachzeitschriften nur einen begrenzten und spezifischen Überblick über den Forschungsstand zur menschlichen Entwicklung. Allerdings lassen sich Erkenntnisse über die Konstitution von Wissenschaft gewinnen: Diese ist nie ein kohärentes Gebilde, sondern besteht immer aus einer Vielzahl von mehr oder weniger dominanten und oft gegensätzlichen Grundnahmen, Ansätzen und Positionen.

4.1.2 Zum Forschungsstand in Lehrbüchern

Lehrbücher einer wissenschaftlichen Disziplin streben einen (möglichst aktuellen) Überblick über den Gegenstand, die Theorien und Methoden des Faches an, um einerseits Studierenden einen Zugang zu zentralen Themen, Modellen und Vorgehensweisen zu geben und andererseits für angrenzende Fachbereiche die eigenen Schwerpunkte sicht- und abgrenzbar zu machen. Entwicklungspsychologische Lehrbücher wenden sich zudem oft explizit an Berufspraktiker/innen aus dem klinischen, pädagogischen und sozialen Bereich. Somit lässt sich vermuten, dass solche Lehrbücher dazu geeignet sind, den aktuellen Stand der Forschung zur menschlichen Entwicklung zu erfassen.

Eine Schwierigkeit stellt sich allerdings gleich mit der Suche nach *dem* Lehrbuch zur menschlichen Entwicklung ein. Die Internetsuche nach einem *Lehrbuch Entwicklungspsychologie* ergibt ungefähr ein Dutzend solcher Bücher, die oft seit vielen Jahren (oder auch Jahrzehnten) in kontinuierlich überarbeiteten Auflagen erscheinen. Warum ist das so? Zum einen legen viele Verlagshäuser eigene Lehrbuchreihen auf, weshalb es zu unterschiedlichen Werken verschiedener Autor/innen kommt. Um sich voneinander abzuheben, werden dann Spezifika des jeweiligen Lehrbuches betont, z. B. indem die Altersspanne (Kindes- und Jugendalter, Jugend- oder Erwachsenenalter) oder die Adressat/innen (z. B. für das Bachelorstudium, für pädagogische oder soziale Berufe) eingegrenzt werden. Zum anderen fokussieren einige Lehrbücher spezifische Bereiche, z. B. die klinische oder die psychoanalytische Entwicklungspsychologie. Nimmt man nur jene Werke, die ohne besondere Spezifikationen auskommen, bleiben im deutschen Sprachraum zwei Lehrbücher – die achte Auflage der *Entwicklungspsychologie* von Wolfgang Schneider und Ulman Lindenberger (2018) sowie die siebte Auflage der *Entwicklungspsychologie* von Laura Berk (2020), die ins Deutsche übersetzt wurde. In beiden Lehrbüchern wird im Vorwort betont, dass sie den aktuellen Wissenstand der Entwicklungspsychologie abbilden, weshalb im Folgenden ein detaillierterer Blick in diese Bücher erfolgt.

Die Entwicklungspsychologie von Schneider und Lindenberger
Bei der *Entwicklungspsychologie* der deutschen (Entwicklungs-)Psychologen Wolfgang Schneider und Ulman Lindenberger (2018) handelt es sich um einen Herausgeberband, d. h., die einzelnen Kapitel sind von unterschiedlichen Autor/innen verfasst. Diesen wird im Vorwort für ihre eingebrachte Expertise gedankt. Dies unterstreicht den bereits mit Blick auf die Fachzeitschriften gewonnenen Eindruck, dass sich die Entwicklungspsychologie in so spezifische wie umfangreiche Themengebiete untergliedert, dass sie zwar von den jeweiligen Expert/innen, kaum aber von einer einzelnen Person in ihrer Gesamtheit überblickt werden kann. Der Forschungsstand muss also zusammengetragen werden. Dies war ab der ersten Auflage der *Entwicklungspsychologie* der Fall, die erstmals 1982, damals von Rolf Oerter und Leo Montada[3], herausgegeben wurde (Oerter und Montada 1982).

Die aktuell achte Auflage führt auf rund 900 Seiten nacheinander mit jeweils mehreren Kapiteln in vier Themenbereiche ein, die *Grundlagen der*

---

[3]Oerter und Montada gaben bis 2008 insgesamt sechs Auflagen der *Entwicklungspsychologie* heraus, bevor 2012 Schneider und Lindenberger die Herausgeberschaft mit der siebten Auflage übernahmen. Damit gingen neben der Aktualisierung aller Themen einige Erweiterungen wie z. B. eine größere Ausdifferenzierung der dargestellten Altersgruppen einher. Die Grundstruktur blieb gegenüber der 6. Auflage aber erhalten.

Entwicklungspsychologie, die *Entwicklung im Altersverlauf* (von der vorgeburtlichen Entwicklung bis ins hohe Alter), die *Entwicklung ausgewählter Funktionsbereiche* (z. B. Sprachentwicklung) und die *Praxisfelder* (z. B. Entwicklungs- und Lernstörungen oder die Gerontopsychologie). In den einzelnen Kapiteln beziehen die Autor/innen ihre Darstellungen auf aktuelle empirische Studien, diskutieren teilweise konkurrierende Modelle und Ansätze und stellen Tests sowie auch klassische Studien zum Thema vor. Damit lässt sich sicher ein Überblick über den Forschungsstand gewinnen, sowohl hinsichtlich einzelner Themen als auch, wenn das ganze Werk durchgearbeitet ist, in Bezug auf die menschliche Entwicklung.

Wenig transparent wird allerdings der Umstand, dass dieser Forschungsstand Ergebnis einer spezifischen Perspektive sowohl auf Entwicklung als auch auf ‚Wissenschaft' und damit eine *Auswahl* von für relevant befundenen Forschungsergebnissen darstellt. Welche Befunde in der *Entwicklungspsychologie* von Schneider und Lindenberger warum als relevant gelten, lässt sich aus dem ersten Themenbereich (Grundlagen der Entwicklungspsychologie) folgern. Die dortigen Kapitel konstituieren mit evolutionären, neurophysiologischen sowie Verhaltens- und molekulargenetischen Grundlagen einen eher biologischen Rahmen menschlicher Entwicklung. Die ebenfalls im ersten Themenbereich enthaltenen *Methodologischen Grundlagen* orientieren sich überdies klar am quantitativen Forschungsparadigma, in dem beim Streben nach möglichst objektivem Wissen meist große Stichproben mit standardisierten Methoden untersucht werden (zu den Forschungsmethoden vgl. auch Abschn. 4.2). Im Ergebnis werden z. B. Entwicklungsprozesse quasi ‚vermessen' und in Zahlen ausgedrückt, was neben der Beschreibung und Erklärung auch der Vorhersage von intra- und interindividuellen Veränderungen dienen soll (vgl. Schmiedek und Lindenberger 2018) und in Form von Entwicklungs*normen* der Bewertung von Entwicklung dienen kann. Zwar werden im Grundlagenteil auch *Kultur und Sozialisation* thematisiert und die Bedeutung kulturvergleichender Forschung betont. Gleichwohl werden auch hier quantitative Forschungsmethoden als selbstverständlich betrachtet und zudem spezifisch westliche Konzepte (wie z. B. Kindheit, Emotionen oder Identität) als scheinbar universell gültig vorausgesetzt.

Menschliche Entwicklung erscheint hier als ein vorrangig individueller (Veränderungs-)Prozess, der durch biologische Grundlagen gerahmt wird und der zwar in Abhängigkeit vom soziokulturellen Umfeld unterschiedlich verlaufen kann, aber grundsätzlich universelle Aufgaben für die Individuen bereithält, die man objektiv bestimmen kann und bei denen das Subjekt zwar eigentätig ist, seine subjektiven Perspektiven aber kaum relevant sind.

Nicht Bestandteil des aus diesem Entwicklungsverständnis resultierenden Forschungsstands sind somit Erkenntnisse zur menschlichen Entwicklung, die mit qualitativen Methoden operieren, die Perspektiven der sich entwickelnden Person berücksichtigen, westliche Konzepte der menschlichen Entwicklung zumindest herausfordern und die die Forschung zur menschlichen Entwicklung selbst im Kontext ihrer historischen und soziokulturellen Besonderheiten zum Gegenstand der Analyse machen. Jene Themen finden sich sicher in anderen Werken, müssen von den Rezipient/innen der Entwicklungspsychologie von Schneider und Lindenberger aber selbsttätig recherchiert und vorab überhaupt erst einmal vermisst werden.

Die Entwicklungspsychologie von Berk
Anders als das von Schneider und Lindenberger herausgegebene Lehrbuch ist die *Entwicklungspsychologie* der US-amerikanischen (Entwicklungs-)Psychologin Laura Berk (2020)[4] das alleinige Werk der Autorin. Auf über 1100 Seiten und in insgesamt 18 Kapiteln werden zunächst *„Geschichtliche Hintergründe, Theorien und Forschungsstrategien"* (S. 1) sowie *„Biologische und umweltbedingte Grundlagen der Entwicklung"* (S. 61) vorgestellt und danach von der pränatalen Phase bis zum späten Erwachsenenalter jeweils die *körperliche* und *kognitive* sowie die *emotionale* und *soziale* Entwicklung thematisiert. Im Gegensatz zu ihren deutschen Kolleg/innen, die zwar die einzelnen Kapitel mit Fallvignetten einleiten, um konkrete Lebenssituationen anschaulich zu machen, darüber hinaus als Herausgeber/innen und Autor/innen aber quasi unsichtbar bleiben, wählt Berk einen sehr persönlichen Einstieg in das Werk. Zu Beginn des ersten Kapitels schildert sie die Lebensgeschichte ihrer Mutter, die von Verfolgung und Immigration, Studium und Familiengründung, einer späten Berufslaufbahn und schwerer Krankheit geprägt war und die das Leben der Autorin aus deren Sicht nachhaltig beeinflusst hat. Daraus leitet sie Fragen in Bezug auf die menschliche Entwicklung ab, Fragen nach individuellen Voraussetzungen und interindividuellen Unterschieden, nach der Rolle von historischen und kulturellen Bedingungen und nach der Bedeutung spezifischer Ereignisse für den jeweiligen Lebenslauf. Hier wird die Forscherin mit ihrer Biografie und Herkunft und ihren daraus resultierenden Forschungsinteressen sichtbar und es wird deutlich, dass die Person des Forschers bzw. der Forscherin hochrelevant für die Forschungsfragen und die Art und Weise ihrer Beantwortung ist.

In Berks Fragen deutet sich ein Verständnis von menschlicher Entwicklung als ein Prozess an, in dem individuelle Anlagen, soziale, gesellschaftliche und

---

[4]Die erste Auflage erschien 1998.

kulturelle Rahmenbedingungen sowie individuelle Besonderheiten interagieren und sich gegenseitig beeinflussen. Dies bestätigt sich im Verlauf der Lektüre, beispielsweise enthalten alle Kapitel, die sich – jeweils mit Verweis auf theoretische Modelle und empirische Studien – auf die verschiedenen Lebensphasen beziehen, Abschnitte, die

- konkrete soziale und gesellschaftliche Fragen aufwerfen (z. B. nach den Auswirkungen externer Kinderbetreuung auf die Bindungssicherheit im Kleinkindalter oder zur erhöhten Suizidrate bei hochbetagten Menschen),
- das Zusammenwirken von Biologie und Umwelt adressieren (z. B. bei Transgenderkindern oder geschlechtsbedingten Unterschieden in Fähigkeiten des räumlichen Denkens) oder
- kulturelle Aspekte thematisieren (z. B. die Auswirkungen ethnisch und politisch bedingter Gewalt auf Kinder oder die Identitätsfindung bei Heranwachsenden aus ethnischen Minderheiten).

Die in den einzelnen Altersabschnitten ausführlich diskutierten Entwicklungstheorien werden im ersten Kapitel kurz vorgestellt, historisch eingeordnet und im Hinblick auf ihre Erklärungskraft und Grenzen bewertet. Anders als ihre deutschen Kollegen diskutiert Berk hier auch die psychoanalytische Entwicklungstheorie von Freud, die zwar für die gegenwärtige Forschung jenseits von klinischen Fragestellungen von geringer, jedoch für die Disziplingeschichte von umso größerer Bedeutung ist. Eine ähnlich inklusive Perspektive nimmt Berk bei der Darstellung der Forschungsmethoden ein, bei der Methoden des quantitativen *und* des qualitativen Paradigmas sowie wiederum deren Potenziale und Grenzen diskutiert werden.

4.1.3 Fazit: Zum Stand des Diskurses

Zwar scheinen Lehrbücher einen breiteren Überblick über die Themen und Befunde zur menschlichen Entwicklung zu erlauben als einschlägige Fachzeitschriften, welche wiederum zu spezifischen Themen aktuellere Forschungsergebnisse enthalten. Durch die nähere Betrachtung beider Medienformate wurde allerdings deutlich, dass es *den* Stand der Forschung – im Sinne einer objektiven Beschreibung des *State of the Art* der Disziplin – nicht gibt und auch gar nicht geben kann. Jede Darstellung erfolgt aus einer bestimmten Perspektive und legt ein spezifisches Entwicklungsverständnis zugrunde, das zu einer entsprechenden Auswahl der diskutierten Themen, Theorien und Methoden führt.

Vergleicht man die Darstellungen von der ersten bis zur aktuellen Auflage wird gerade bei den Lehrbüchern zudem deutlich, dass und wie sich diese Perspektiven wandeln können (zu den Veränderungen des Einführungs- und Methodenkapitels der Entwicklungspsychologie von Schneider und Lindeberger vgl. Kleeberg-Niepage 2018). Somit verändert sich nicht nur der Forschungsstand dergestalt, dass neue Studien weitere Erkenntnisse generieren oder frühere Befunde infrage stellen, sondern auch die Art und Weise des Sprechens und Nachdenkens *über* Entwicklung. So betrachtet wird deutlich, dass *Entwicklung* kein vorfindliches, natürliches Phänomen, sondern ein Diskurs ist, in dem – zumindest für eine gewisse Zeit – festgelegt ist, was sagbar, was wissenschaftlich und letztlich, was *Entwicklung* ist. Welche Spielräume für das Sagbare bestehen, zeigt sich schon in den dargelegten Unterschieden der Lehrbücher. Allerdings weisen beide Werke auch Gemeinsamkeiten auf, so sind sie jeweils von westlichen Autor/innen und damit auch aus dieser Perspektive geschrieben, was beispielsweise in der linearen (und nicht z. B. zyklischen), fortschreitenden Darstellung des Lebenslaufs und in der weitgehend getrennten Untersuchung der kognitiven sowie der sozialen und emotionalen Entwicklung zum Ausdruck kommt (vgl. auch Rose 1985 sowie Burman 1994).

Entwicklung als einen Diskurs zu verstehen ermöglicht den Blick auf diejenigen Faktoren, die ein bestimmtes Sprechen über Entwicklung – d. h. bestimmte Themen, Theorien und Modelle menschlicher Entwicklung sowie die entsprechenden Forschungspraktiken – befördern oder auch verhindern. Jenseits individueller Überzeugungen von Forschenden sind diese Faktoren in gesellschaftliche Prozesse und politische Ordnungen eingebunden. Diese zu explizieren macht deutlich, dass die Produktion wissenschaftlicher Erkenntnisse nicht losgelöst von gesellschaftlichen Machtverhältnissen erfolgt. Das Verständnis von Entwicklung als Diskurs war für kritische Entwicklungspsycholog/innen der Ausgangspunkt für die Rekonstruktion und Analyse zentraler Grundnahmen zur menschlichen Entwicklung (vgl. den folgenden Exkurs), eine Perspektive, die im Übrigen weder in den genannten Fachzeitschriften noch den Lehrbüchern zur Sprache kommt.

Kritische Entwicklungspsychologie

Die Idee von menschlicher Entwicklung als natürlichem, fortschreitenden Prozess, den man erfassen (messen) und dahin gehend bewerten kann, ob er ‚normal' verläuft oder nicht, sowie die damit verbundenen Überzeugungen zu den notwendigen Voraussetzungen für einen ‚normalen' Entwicklungsprozess (z. B. hinsichtlich der Aufgaben von Müttern) wurden seit den 1980er Jahren verstärkt infrage gestellt (z. B. Burman 1994; Morss 1996). Mit dem

Buch *Changing the subject* legten Julian Henriques und Kolleg/innen 1984 eine bedeutsame Grundlage für eine in diesem Sinne kritische Entwicklungspsychologie. Hier wurde die spezifische Konzeption des ‚Subjekts' als zentralem Gegenstand der Psychologie herausgearbeitet. In dieser Konzeption wird das Subjekt nicht nur als individueller Träger von Eigenschaften und Fähigkeiten verstanden, sondern durch die daraus resultierenden wissenschaftlichen, klinischen und alltäglichen Praktiken werden Menschen als jene individuellen Subjekte erst konstruiert. Fokussiert beispielsweise die wissenschaftliche Forschung zu kindlicher Entwicklung vorrangig das einzelne Kind und dessen Eigenschaften sowie Fertig- und Fähigkeiten, setzt sich diese Betrachtung auch in therapeutischen oder pädagogischen Handlungsfeldern fort, in denen dann wiederum das einzelne Kind – und nicht z. B. die Gesamtheit der sozialen Situation – Objekt von Maßnahmen (z. B. Behandlung oder Förderung) wird. In der Folge entstand ein heterogener Forschungsstrang, welcher sich z. B. mit der Reflexion (entwicklungs-) psychologischer Grundannahmen und der daraus resultierenden Forschungsansätze und -methoden befasst. Gestützt u. a. auf psychoanalytische, marxistische, feministische und poststrukturalistische Theorien wird in dieser Forschungstradition ‚Entwicklung' als historisch, sozial und gesellschaftlich spezifischer Diskurs verstanden und nicht als ein quasi-natürliches Phänomen. Wissenschaft selbst rückt als soziale Praxis, die nicht Wahrheiten produziert, sondern selbst ein diskursives Unterfangen ist, in den Fokus der Analyse (Morss 1996). Entwicklung als Diskurs zu verstehen, führt gerade nicht dazu, alternative Entwicklungsmodelle vorzuschlagen. Stattdessen geht es darum, die Charakteristika des Diskurses in den Blick zu bekommen, der zu den bestehenden Modellen führt. Als für den westlichen Entwicklungsdiskurs spezifisch wurden besonders das Verständnis von Entwicklung als Fortschritt, die Idee einer Messbarkeit von Entwicklung und die Bestimmung der Ursachen für eventuelle Abweichungen von einer ‚Normalentwicklung' rekonstruiert und kritisiert (vgl. Abschn. 1.1 und ausführlicher Kleeberg-Niepage 2007, 2018). Die aus dieser Kritik hervorgehenden Konsequenzen für die Erforschung menschlicher Entwicklung sind allerdings als marginal zu bezeichnen. Sie haben weder Aufnahme in den Standardkanon der Disziplin, z. B. durch die Behandlung in Lehrbüchern, gefunden noch zu einem grundlegenden Umdenken geführt (für eine Ursachenanalyse vgl. Motzkau 2009). Dennoch ist die Kritik am Verständnis von Entwicklung auch weiterhin beachtenswert, denn bedeutsame Charakteristika wie die Idee der Messbarkeit von Entwicklung, die Konstruktion von Normalverläufen und die vorrangige Fokussierung auf das Individuum bei der Erklärung von Abweichungen und der Implementierung von Therapie- und Fördermaßnahmen prägen den Entwicklungsdiskurs und die darauf aufbauenden Praktiken weiter. Gerade in pädagogischen Handlungsfeldern ist ein reflektierter Umgang mit diesen Entwicklungsannahmen geboten, um mit und im Sinne der sich entwickelnden Person agieren zu können. ◄

4.2 Methoden zur Erforschung menschlicher Entwicklung

Das jeweilige Verständnis von ‚Entwicklung' (z. B. als natürliches und messbares Phänomen) führt zu spezifischen Forschungsfragen und damit auch zu bestimmten Untersuchungsmethoden. Dieser Zusammenhang wird im Folgenden aus historischer Perspektive rekonstruiert, um anschließend die ethischen Herausforderungen einer Forschung mit Kindern zu skizzieren.

4.2.1 Der Beginn der wissenschaftlichen Erforschung menschlicher Entwicklung

Seit dem Beginn einer systematischen Erforschung kindlicher Entwicklung im 19. Jahrhundert (vgl. Abschn. 1.1.3) haben sich die Interessen und Fragestellungen ebenso gewandelt wie zentrale Bezugstheorien und die methodischen Zugänge. Rückblicke auf die historische Herausbildung eines Methodenkanons zur Erforschung kindlicher bzw. menschlicher Entwicklung, z. B. in Lehrbüchern, versuchen häufig, zwischen s. g. vorwissenschaftlicher und wissenschaftlicher Forschung zu unterscheiden, wobei meist heute geltende Gütekriterien für wissenschaftliche Studien wie Objektivität, Validität und Reliabilität als Maßstab für die Bewertung historischer Arbeiten herangezogen werden. Eine solche rückblickende Abwertung früherer Forschungsbemühungen, welche die Geschichte wissenschaftlicher Methoden als einen Fortschritt konstruiert, unterschlägt allerdings, dass die Durchsetzung von bestimmten Methoden als *wissenschaftlich* nicht allein auf einen Zuwachs an Wissen über Forschungsmethoden zurückzuführen, sondern immer in einen sozialen und historischen Kontext eingebunden ist (Danziger 1990). Zudem verkennt ein solcher Rückblick, dass auch die gegenwärtig geltenden Standards von Wissenschaftlichkeit Gegenstand von teils kontroversen Auseinandersetzungen sind und stetig weiteren Veränderungen unterliegen.

Für die Erforschung von kindlicher Entwicklung gelten die Entwicklungstagebücher von Forschern wie William Preyer zum Ende des 19. Jahrhunderts oder William Stern (gemeinsam mit seiner Frau Clara) zu Beginn des 20. Jahrhunderts als der Beginn der wissenschaftlichen Forschung (Deutsch und Lohaus 2006). Beide griffen mit diesen Tagebuchaufzeichnungen auf eine bereits etablierte Technik (vgl. die Tagebücher von Dietrich Tiedemann von 1787) zurück, die mit der *Beobachtung* (meist der eigenen Kinder) eine Methode nutzte, die seit der Zeit der wissenschaftlichen Revolutionen im 16. und 17. Jahrhundert in den meisten Wissenschaften zentral war und die nach Daston und Lunbeck (2011) Wissenschaften überhaupt erst zu *empirischen* (d. h. erfahrungsbasierten) Wissenschaften machte.

Bei den Entwicklungstagebüchern ging es jeweils um eine möglichst genaue, detaillierte Beobachtung und Dokumentation kindlicher Entwicklungsschritte. Dennoch unterschieden sich diese Aufzeichnungen bereits grundlegend in Bezug auf die Fragestellungen, den genauen Ablauf der Beobachtungen und die Art der Dokumentation. Während Preyer sich um eine Standardisierung der Beobachtung bemühte und beispielsweise ein festes Setting (drei Beobachtungen täglich) einhielt sowie die jeweiligen Beobachtungen verschiedenen Bereichen zuordnete, war für Stern die alltagsnahe Beobachtung des Kindes in vertrauter Umgebung entscheidend. Diese folgte keinem festen Ablauf, vielmehr ging es um die Entdeckung charakteristischer Veränderungen beim Kind, die sodann zu interpretieren waren (Kotter 2012; Heinemann 2016; Hoppe-Gräf und Kim 2007). Stern (1914) unterschied dabei methodisch klar zwischen der Beobachtung an sich und der Interpretation: *„Bei jeder Beobachtung, die man am kleinen Kinde macht, scheide man streng zwischen dem wirklich wahrgenommenen äußeren Tatbestand (der gesehenen Handlung oder Ausdrucksbewegung, dem gehörten Wort usw.) und den daran geknüpften Deutungen; man registriere beides getrennt, und gebe, wo immer nur möglich, Rechenschaft von der Zuverlässigkeit oder Wahrscheinlichkeit der vorgenommenen Deutung"* (S. 8).

Beide Forscher waren also durchaus und in unterschiedlicher Weise methodenbewusst, ihre Forschungsarbeiten waren alles andere als beliebig und lieferten grundlegende Erkenntnisse über die (früh-)kindliche Entwicklung, die bis heute Bedeutung für die entwicklungspsychologische Theoriebildung haben (Hoppe-Gräf und Kim 2007). Die unterschiedlichen Herangehensweisen zeigen zudem, wie eng die erkenntnistheoretischen Positionen und das damit zusammenhängende Wissenschaftsverständnis mit der jeweiligen Idee von Entwicklung und dem konkreten wissenschaftlichen Arbeiten beider Forscher verbunden sind: Für Preyer ließen sich Erkenntnisse nur aus objektiven Daten gewinnen; auch zur Erforschung der kindlichen Entwicklung waren für ihn an naturwissenschaftliche

Settings angelehnte Methoden das Mittel der Wahl und Entwicklung somit vor allem eine biologische Tatsache. William Stern hingegen war erkenntnistheoretisch im *kritischen Personalismus* beheimatet; neben der biologischen Anlage und den Umwelteinflüssen maß er vor allem der Eigenaktivität der Person eine große Bedeutung für die Entwicklung bei, die sich für ihn im Zusammenspiel der drei Aspekte vollzog (Heinemann 2016).

Entwicklungstagebücher waren allerdings auch zu jener Zeit nicht der einzige Zugang zu Fragen der menschlichen Entwicklung. Preyer selbst führte z. B. auch groß angelegte Fragebogenstudien durch und Stern arbeitete sowohl mit Selbstzeugnissen wie Aufsätzen und Kinderzeichnungen als auch mit Experimenten oder Fragebogen und entwickelte zudem standardisierte Instrumente zur Testung von Intelligenz und Begabung. Gerade bei William Stern lässt sich gut erkennen, wie die jeweilige Fragestellung der methodischen Entscheidung vorausging. In seinem Werk *Differentielle Psychologie* (1911/1921) diskutiert er ausführlich Vor- und Nachteile, Aussagekraft und Reichweite verschiedener Methoden bezogen auf den mit ihnen jeweils möglichen Erkenntnisgewinn und ohne jene strenge Fixierung auf ein bestimmtes Vorgehen, welche die Forschung zur menschlichen Entwicklung im 20. Jahrhundert und darüber hinaus prägte.

4.2.2 150 Jahre Entwicklungsforschung: Von der Methodenvielfalt zum Methodenpurismus und zurück?

Mit der Verbreitung des behavioristischen Paradigmas in der Psychologie ab den 1920er Jahren (vgl. auch Abschn. 1.3) wurden experimentelle Laborstudien für viele Jahrzehnte zum Standard entwicklungspsychologischer Forschung. Entwicklung wurde verstanden als Ergebnis einer kontinuierlichen Abfolge von Lernprozessen, welche durch Reaktionen auf Umweltreize zustande kommen und zu einer immer besseren Anpassung des Individuums an die Umweltbedingungen führt.

Damit einher ging ein spezifisches und aus heutiger Sicht enges Verständnis von Wissenschaftlichkeit, die mit Standardisierung und Quantifizierung gleichsetzt wurde. Deutsch und Lohaus (2006) bezeichnen diese Orientierung auch als *„variablenorientiertes Paradigma"* (S. 812). Zwar ist anzuerkennen, dass auf der Basis eines solchen methodischen Vorgehens durchaus vielfältige Erkenntnisse über kindliche Entwicklungsverläufe generiert wurden – zu einer Zeit, in der verallgemeinerbare Entwicklungsmodelle noch gar nicht vorlagen (Mey 2018). Allerdings wurden zugleich jegliche methodischen Zugänge jenseits dieses

Paradigmas über viele Jahrzehnte als *vor-* oder *unwissenschaftlich* abgewertet und Probleme, welche die standardisierten Methoden mit sich bringen, kaum reflektiert.

So wies bereits Stern (1911/1921) darauf hin, dass mit einer zunehmenden Standardisierung, wie sie der experimentellen Forschung eigen ist, Schwierigkeiten beim Alltagsbezug einhergehen: *„Im Wesen des Experiments liegt jedoch stets die Künstlichkeit, also eine gewisse Lebensferne und diese steigt im allgemeinen noch, je exakter […] das Experiment ist"* (S. 35 f.). Das heißt, inwieweit können im Laborexperiment gewonnene Befunde überhaupt auf die komplexen Lebensbedingungen jenseits des Labors übertragen werden? Auch die Bemühungen um Objektivität, z. B. bei Beobachtungen, konnten zwar einerseits Probleme lösen, da technische Hilfsmittel wie Kameras und Tonbandgeräte den direkten Beobachterkontakt überflüssig und die Aufzeichnungen zudem vollständig und jederzeit erneut verfügbar machten. Doch führen auch technische Geräte, die z. B. Mutter-Kind-Interaktionen aufzeichnen, zu neuen Fragen, wie nach dem Einfluss des Geräts auf das Verhalten der aufgenommenen Personen. Zudem ist dabei auch nur die Beobachtung selbst in dem Sinne objektiv, dass sie ohne eine beobachtende Person auskommt. Doch bereits bei der Auswahl dessen, wer oder was, wann und wo beobachtet wird sowie bei der Auswertung des Datenmaterials werden wiederum subjektive Entscheidungen getroffen (Deutsch und Lohaus 2006).

Die Frage danach, wie sich ein bestimmtes Verständnis von Wissenschaftlichkeit und damit ein spezifischer Methodenkanon trotz fundierter Bedenken und auch vorhandener Alternativen fast vollständig und auch langfristig durchsetzen konnte, ist kaum losgelöst vom gesellschaftlichen Kontext zu beantworten. So erforderten die Anfragen aus dem Schulwesen die Entwicklung effektiv durchführbarer und auswertbarer Instrumente, die überdies eine (scheinbar) eindeutige, weil quantifizierte Antwort lieferten (Danziger 1997). Zudem waren das ausgehende 19. und weite Teile des 20. Jahrhunderts von einer eher mechanistischen Sicht auf Menschen und Gesellschaft geprägt, in der Berechenbarkeit und Effizienz als zentrale Mittel für den sozialen Fortschritt und auch für den individuellen Lebensweg galten (Gergen 1996). Für Deutschland fällt besonders ins Gewicht, dass die Arbeit vieler Psycholog/innen, wie William Stern oder Kurt Lewin sowie Denkschulen, wie die Gestaltpsychologie, die vielfältige Forschungsmethoden einsetzten, mit der nationalsozialistischen Diktatur ab 1933 ein jähes Ende fand. Diese Zäsur blieb nachhaltig. Nach dem Krieg wurden für viele Jahre die behavioristisch und experimentell orientierten Konzepte und Methoden der US-amerikanischen (BRD) bzw. sowjetischen (DDR) Psychologie übernommen (Ash und Geuter 1985).

4.2 Methoden zur Erforschung menschlicher Entwicklung

Zwar gab es auch immer Zugänge jenseits des variablenorientierten Paradigmas, wie die bedeutenden Arbeiten von Jean Piaget, Lew S. Wygotski und auch Kurt Lewin zeigen (Mey 2018 sowie Abschn. 2.2). Dennoch konstatierte Urie Bronfenbrenner (1978) zugespitzt: *„Entwicklungspsychologie ist die Wissenschaft fremdartigen Verhaltens von Kindern in fremden Situationen mit fremden Erwachsenen in kürzest-möglichen Zeitabschnitten"* (S. 33). Er selbst propagierte auf der Basis seines interaktionistischen Entwicklungsverständnisses, nach dem sich Anlage, Subjekt und Umwelt wechselseitig beeinflussen, ein methodisches Vorgehen, das nicht Variablen vergleicht, sondern Systeme betrachtet und daher, anders als das Laborexperiment, die natürliche und alltägliche Umwelt des Subjekts einbezieht (Flammer 2009 sowie Abschn. 2.3).

Ab den 1980er Jahren kam es zu einer sehr langsamen Öffnung der methodischen Rigidität, alte methodische Zugänge wurden wiederentdeckt und weiterentwickelt, neue Methoden und Möglichkeiten kamen hinzu. Mey (2005b) stellt ab den 1990er Jahren die beginnende Etablierung einer qualitativen Entwicklungspsychologie fest, z. B. anhand entsprechender Fachtagungen und Publikationen, die in den inzwischen vergangenen fast drei Dekaden weiter vorangeschritten ist. Trotz dieser Veränderungen und des zunehmenden Bemühens um kombinierte Ansätze, in denen sich quantitative und qualitative Methoden ergänzen (s. g. Mixed-Method-Designs) scheint es sich derzeit eher um ein Neben- als ein Miteinander quantitativer und qualitativer Forschungsmethoden bei der Erforschung menschlicher Entwicklung zu handeln. Bis in die Gegenwart befassen sich beispielsweise einflussreiche Lehrbücher in ihren Methodenkapiteln ausschließlich mit quantitativen Methoden und Designs, betonen die Gütekriterien standardisierter Forschung wie Objektivität, Reliabilität und Validität und sehen in der Erstellung von Entwicklungsnormen, Beurteilungsstandards und Leistungsinventaren zentrale Aufgaben der Disziplin (vgl. Kleeberg-Niepage 2018 sowie Abschn. 4.1). Auf der anderen Seite betonen Vertreter/innen einer qualitativen Entwicklungspsychologie den Wert eines solchen Zugangs mit Gütekriterien, wie Offenheit, Flexibilität und Kommunikation, gerade für die Erforschung von Kindern in verschiedenen Altersstufen oder in unterschiedlichen kulturellen Kontexten sowie bei der Annäherung an die subjektiven Perspektiven von Kindern, die über viele Jahrzehnte in der Forschung kaum berücksichtigt wurden (Mey 2005a, 2018).

In Plädoyers für einen Methodenpluralismus bei der Erforschung menschlicher Entwicklung wird stets betont, dass die jeweils eingesetzte Methode dem Gegenstand angemessen sein muss. Das bedeutet, dass sich die gewählte Methode am Inhalt, an der jeweiligen Fragestellung orientieren muss und dass nicht umgekehrt ein bestimmtes Set an Methoden bestimmen darf, was gefragt werden kann. Entsprechende Fragestellungen werden wiederum vom jeweiligen Entwicklungsverständnis der Forschenden gerahmt: Ist menschliche Entwicklung ein mess- und quantifizierbares Phänomen oder wird sie im Zusammenwirken von Subjekt, Anlage und Umwelt hervorgebracht und ist daher nur im Kontext der konkreten Lebenswelt und -geschichte zu verstehen und zu interpretieren (Deutsch und Lohaus 2006; Mey 2005b)?

Die Wahl des methodischen Paradigmas (quantitativ oder qualitativ) legt allerdings noch nicht die genaue Methode fest. Viele Methoden (z. B. Beobachtungen oder Interviews) werden, allerdings in unterschiedlicher Weise, in beiden Paradigmen eingesetzt. Zudem müssen die Überlegungen nicht nur die Art der Datenerhebung, sondern ebenso das Verfahren zur Datenauswertung berücksichtigen.

> **Kinderzeichnungen**
>
> Ein Beispiel für die vielfältigen Möglichkeiten des Umgangs mit ein und demselben Datenmaterial vor dem Hintergrund unterschiedlicher Fragestellungen und methodischer Entscheidungen sind Kinderzeichnungen. Obwohl Zeichnungen bis heute im Vergleich zu anderen Forschungsmaterialien eher ein Nischendasein führen, sind sie seit dem Beginn der wissenschaftlichen Erforschung kindlicher Entwicklung für Forschende wiederkehrend von Interesse. Bereits William Stern führte zu Beginn des 20. Jahrhunderts groß angelegte Datensammlungen freier Kinderzeichnungen durch und betrachtete diese im Hinblick auf die Zeichenfertigkeiten im Zusammenhang mit dem Alter, den allgemeinen kognitiven Fähigkeiten und dem Geschlecht. Für die Erhebung wurde ein einheitlicher Stimulus gewählt, z. B. das Thema *Schlaraffenland*, zu dem die Kinder zunächst ein Gedicht hörten und dann frei zeichnen konnten. Die Auswertung erfolgte interpretativ (Stern 1906, 1908). Sterns Zeitgenosse Paul Wagner (1913) arbeitete mit Bezug auf Stern ebenfalls mit Zeichnungen zum Thema Schlaraffenland, empfand die Datenlage aber als unzureichend, da er das Gezeichnete oft nicht eindeutig erkennen konnte. Dies war für seine Fragestellung allerdings bedeutsam, denn er wollte über die jeweils gezeichneten Motive Rückschlüsse auf psychologische Prozesse ziehen. Bei seiner eigenen Erhebung gab er im Gegensatz zu dem ursprünglich sehr offenen Setting den Proband/innen detaillierte Erklärungen zur Aufgabenstellung, überwachte die Umsetzung persönlich und erfragte gegebenenfalls bei den Kindern, was genau gezeichnet worden war. Anschließend zählte er die jeweils gezeichneten

4.2 Methoden zur Erforschung menschlicher Entwicklung

Motive aus, um Informationen über die Anzahl der aus dem Gedicht aufgegriffenen Themen zu bekommen. Diese sowie die jeweilige zeichnerische Umsetzung der einzelnen Motive verglich er dann nach Alter, Geschlecht und unterrichteter Zeichenmethode. Kinderzeichnungen wurden und werden auch vor dem Hintergrund klinischer Fragestellungen (z. B. Erfassung des Stands der kognitiven oder emotionalen Entwicklung) erhoben und interpretiert, beispielsweise mittels des Draw-A-Man-Tests bzw. des Draw-A-Person-Tests. Die ursprüngliche Annahme einer Korrelation, also eines statistischen Zusammenhangs, eines solchen Testergebnisses mit dem Ergebnis standardisierter IQ-Tests ließ sich zwar nicht bestätigen, für die therapeutische, insbesondere die tiefenpsychologische Praxis liefern die so entstehenden Zeichnungen dennoch bedeutsame Anhaltspunkte (Cox 2005). Die kulturvergleichende Entwicklungsforschung ist ein weiterer Bereich, in dem häufiger auf Kinderzeichnungen als Datenmaterial zurückgegriffen wird. Über die Produkte der in vielen Kulturen durchaus typisch kindlichen Tätigkeit des Zeichnens, die zudem vergleichsweise unabhängig von sprachlichem Input ausgeführt werden kann, erhoffen sich die Forschenden Aufschlüsse über kulturbedingte Unterschiede kindlicher Entwicklungsprozesse. Bei der Auswertung dieser Daten gibt es wiederum erhebliche Unterschiede: eine quantifizierende Vorgehensweise – z. B. das Ausmessen und Berechnen von Größenunterschieden gezeichneter Figuren (Rübeling et al. 2011) – stehen neben qualitativ-rekonstruktiven Verfahren, welche die Zeichnung als Produkt inkorporierter Erfahrungen interpretieren (Kleeberg-Niepage 2016; Wopfner 2012) und solchen, die Zeichnungen im Zusammenhang mit dem Zeichenprozess und der kindlichen Narration im Prozess bzw. über das Gezeichnete sowie weiteren Kontextinformationen betrachten (Billmann-Mahecha 2010). In allen Fällen kommen die Forschenden zu wertvollen Erkenntnissen und oft auch neuen Fragestellungen bezüglich kindlicher Entwicklungsprozesse, aber auch hinsichtlich der kindlichen Perspektive auf die Welt und die eigene Position in derselben. ◄

Im Anschluss an die genannten Plädoyers für Methodenvielfalt und kombinierte Ansätze bei der Erforschung menschlicher Entwicklung bleibt zu hoffen, dass künftig stärker die Forschungsfragen, der mögliche Erkenntnisgewinn und dessen gegenseitige Anerkennung im Mittelpunkt stehen und nicht länger der Kampf um die Deutungshoheit darüber, was ‚richtige' Wissenschaft ist oder darf und was nicht.

4.2.3 Die besonderen Herausforderungen bei der Erforschung kindlicher Entwicklung

Die Forschung zu Fragen der Entwicklung im Kindes- und Jugendalter und besonders die Forschung mit kleinen Kindern ist durch spezifische und zum Teil miteinander zusammenhängende Herausforderungen gekennzeichnet.

Als eine besondere Schwierigkeit der Forschung zur frühen Kindheit kann der Mangel an verbalen Daten betrachtet werden. Diese sind im ersten Lebensjahr überhaupt nicht und danach – zumindest aus der Perspektive der erwachsenen Forschenden – nur eingeschränkt zu erhalten. Daher sind Beobachtungsverfahren die Methode der Wahl in diesem Lebensabschnitt (Mey 2005a). Vor allem für die entwicklungspsychologische Säuglingsforschung wurden hier eigene, meist experimentelle, methodische Verfahren entwickelt, um Wahrnehmung, Präferenzen, emotionale und kognitive Prozesse auch in diesem Alter erfassen zu können. Mittels Versuchsanordnungen, welche die Aufmerksamkeit erfassen, die die kleinen Proband/innen verschiedenen Stimuli (z. B. Gesichter, Muster oder unterschiedliche Tiere) zuwenden (z. B. gemessen über die Dauer des Hinschauens), werden beispielsweise Hinweise auf frühe Gedächtnis- oder Klassifizierungsleistungen und die komplexen sozialen Fähigkeiten von Säuglingen gewonnen (Deutsch und Lohaus 2006; Elsner und Pauen 2018). Diese haben in den letzten Jahrzehnten zu deutlichen Veränderungen in der Interaktion von Eltern aber gerade auch Erzieher/innen mit Kindern im ersten Lebensjahr geführt. Allerdings sind sowohl die Versuchsanordnungen als auch die Interpretation der Ergebnisse immer Resultate einer erwachsenen Perspektive auf ‚das Kind'. Zudem bleiben Fragen offen, denn wenn uns z. B. die Dauer des Hinschauens keinen Aufschluss über Präferenzen gibt, heißt dies noch lange nicht, dass der Säugling die präsentierten Unterschiede gar nicht wahrnimmt.

Ab dem Kleinkindalter nehmen die Möglichkeiten für eine instruktionsbasierte Datenerhebung wie z. B. Aufgaben, Fragebogen oder auch Interviews zu. Nun stellt sich allerdings die Frage, inwiefern die daraus gewonnenen Ergebnisse beispielsweise mit denen aus der Säuglingsforschung in Bezug gesetzt werden können. Zudem lassen sich im Kindesalter Versuchsanordnungen nicht einfach nach einiger Zeit wiederholen, um beispielsweise altersspezifische Veränderungen zu erfassen, da sich die kindlichen Kompetenzen schnell verändern. Auch der Umstieg auf eine andere Erhebungsmethode birgt Schwierigkeiten, denn wie können wir sicherstellen, dass unterschiedliche Messinstrumente auch dasselbe erfassen? Wissenschaftlich wird diese Herausforderung als fehlende Messinstrumenteäquivalenz bezeichnet (Deutsch und Lohaus 2006). Ein konkretes Beispiel dafür findet sich bei den Forschungen zur

4.2 Methoden zur Erforschung menschlicher Entwicklung

Bindungstheorie: Während das Bindungs*verhalten* im Alter von 18 Monaten in einem Laborexperiment (Fremde-Situations-Test) erhoben wird, werden die Bindungs*repräsentationen* im Vor- und Grundschulalter mit dem Geschichtenergänzungsverfahren, danach mit dem Child-Attachement-Interview und im Erwachsenenalter mit dem Adult-Attachement-Interview untersucht (Grossmann und Grossmann 2012). Ein weiteres Beispiel stellen Intelligenztests dar, die sich für das Vorschul-, Schul- und Erwachsenenalter deutlich unterscheiden, wenngleich über alle Altersstufen hinweg jeweils von ‚Intelligenz' gesprochen wird. Dass das Problem allerdings gar nicht die fehlende Messinstrumenteäquivalenz, sondern bereits die Annahme ist, psychische Merkmale ließen sich so abstrahieren, dass sie mittels eines Messinstruments bestimmbar würden, diskutiert Grubitzsch (1999) anschaulich und verweist auf den diesen Annahmen zugrunde liegenden *„chronischen Biologismus"* (S. 125).

Eine weitere Schwierigkeit ergibt sich, wenn Forschende weniger *über,* sondern eher *mit* Kindern forschen wollen, es ihnen also darum geht, der Perspektive des Kindes nahezukommen, Kinder als kompetente Subjekte mit eigenen Sichtweisen ernst zu nehmen und erwachsene Herangehensweisen nicht unhinterfragt als Standard zu setzen. Allerdings stellt sich in der Forschung mit Kindern immer das Problem der Generationenhierarchie, die gesellschaftlich implementiert ist und in der Forschungssituation nicht einfach aufgehoben werden kann. Beispielsweise könnten Kinder sich gegenüber den erwachsenen Forscher/innen verpflichtet fühlen mitzumachen, zumal wenn die Eltern bereits zugestimmt haben. Und nur weil erwachsene Forschende selbst einmal Kinder waren, erschließen sich kindliche Perspektiven nicht quasi von selbst, sondern dies erfordert wiederum methodische Anpassungen und Entscheidungen. Forschende müssen hier also nicht nur die Erhebungsinstrumente kindgerecht gestalten, sie müssen auch nach den kindlichen Perspektiven *fragen,* anstatt Wissen über sie *vorauszusetzen.* Zudem ist der Zweck der Untersuchung offenzulegen, denn die diesbezüglichen Annahmen und Intentionen der kindlichen Probanden beeinflussen die Daten in jedem Fall (Mey 2005a, 2018).

Abschließend sei die besondere ethische Verantwortung angesprochen, die sich für Forschende aus der Forschung mit Kindern ergibt. Entsprechende Datenschutzbestimmungen erfordern das Einverständnis der Eltern bzw. der Erziehungsberechtigten bei minderjährigen Proband/innen. Genauso wichtig ist es aber auch, jenen unabhängig von diesem Einverständnis freizustellen, ob sie an der Forschungsarbeit mitwirken wollen oder nicht. Dies lässt sich bereits bei Kindergartenkindern umsetzen. Deutlich schwieriger ist es, wenn das kindliche Einverständnis nicht eingeholt werden kann, wie das z. B. in der Säuglingsforschung der Fall ist. Hier ist eine besondere Abwägung gefragt. Zwar sind Forschungsergebnisse wichtig für das Verstehen kindlichen Aufwachsens und sicher auch spannend, weshalb die beteiligten Eltern zum Durchhalten neigen, auch wenn das Kind bereits Anzeichen von Stress oder Müdigkeit zeigt. Allerdings müssen auch die Folgen für die weitere kindliche Entwicklung bedacht werden, denn wie können wir sicher sein, dass Anstrengung oder gar bewusst gesetzte Stressreize in der Untersuchung keine langfristigen Folgen zeitigen, zumal in einer derart dynamischen Entwicklungsphase? Eckensberger und Keller (1998) schlagen diesbezüglich zumindest die Einrichtung einer geeigneten Nachbetreuung von Eltern und Kindern vor.

4.3 Zusammenfassung

Fazit

Einschlägige Fachzeitschriften und Lehrbücher bieten die Möglichkeit, sich einen Überblick über den Forschungsstand zur menschlichen Entwicklung zu verschaffen. Hierbei ist zu berücksichtigen, dass sowohl die Zeitschriften als auch die Lehrbücher nicht objektives und damit von spezifischen Annahmen und Interessen losgelöstes Wissen präsentieren, sondern dass die Auswahl der Themen, Theorien und Methoden jeweils einem bestimmten Verständnis von Wissenschaft und auch von Entwicklung folgt. Entwicklung nicht als Phänomen, sondern als Diskurs zu verstehen, ermöglicht es im Anschluss an kritische Entwicklungspsycholog/innen, die mit diesem Wissenschafts- und Entwicklungsverständnis verbundenen Vorannahmen und Interessen zu hinterfragen. Die unterschiedlichen Annahmen resultieren seit dem Beginn einer systematischen, wissenschaftlichen Erforschung menschlicher Entwicklung vor ca. 150 Jahren in unterschiedlichen methodischen Zugängen, wie sich bereits bei der damaligen Erstellung von auf Beobachtungen basierenden Entwicklungstagebüchern feststellen lässt. Die relative Vielfalt an eingesetzten Methoden – auch durch einzelne Forschende – wurde im 20. Jahrhundert über viele Jahrzehnte von einer methodischen Rigidität abgelöst, die aus einem – aus heutiger Sicht – engen Wissenschaftsverständnis resultierte, in dem Erkenntnisgewinn nur durch quantitative Methoden und deren (vermeintliche) Exaktheit möglich schien. Seit den 1980er Jahren lässt sich ein bis heute stetig gewachsenes qualitatives Paradigma bei der Erforschung menschlicher Entwicklung feststellen. Bei methodischen Entscheidungen rückte daher wieder die eigentliche Forschungsfrage in den Blick, die den Forschungsprozess leitet und eben auch die Methodenwahl bestimmt. Gerade vor dem Hintergrund der Komplexität menschlicher Entwicklungsprozesse und den besonderen Herausforderungen bei der Erforschung kindlicher Entwicklung sind die Veränderungen hin zu einem methodischen Pluralismus vielversprechend und begrüßenswert. ◄

Fragen

1. Untersuchen Sie den Inhalt eines Ihnen zugänglichen Lehrbuchs zur menschlichen Entwicklung nach Hinweisen auf das zugrunde gelegte Verständnis von Entwicklung und wissenschaftlicher Forschung.
2. Zu welchen entwicklungspsychologischen Erkenntnissen über ein bestimmtes, vielleicht Ihr eigenes 3-jähriges Kind gelangen Sie, wenn Sie wissen, dass 900 von 1000 Kindern im Alter von 3 Jahren in einem Labor mit einem fremden Untersucher ein 20-teiliges Memoryspiel erfolgreich bewältigen?
3. Sie möchten untersuchen, ob und ggf. wie sich das Wissen und die Vorstellungen zur Schule zwischen Vorschulkindern mit und ohne ältere Geschwister unterscheiden. Entwerfen Sie ein Vorgehen für eine wissenschaftliche Untersuchung dieser Frage und begründen Sie die dem geplanten Vorgehen zugrunde liegenden Annahmen zu Kindheit, Entwicklung und Schule.

Literatur

Ash, M. G., & Geuter, U. (Hrsg.). (1985). *Geschichte der deutschen Psychologie in 20. Jahrhundert. Ein Überblick*. Opladen: Westdeutscher Verlag.
Berk, L. E. (2020). *Entwicklungspsychologie* (7. Aufl.). Hallbermoos: Pearson.
Billmann-Mahecha, E. (2010). Auswertung von Zeichnungen. In G. Mey (Hrsg.), *Handbuch qualitative Forschung in der Psychologie* (S. 707–722). Wiesbaden: VS-Verlag.
Bronfenbrenner, U. (1978). Ansätze zu einer experimentellen Ökologie menschlicher Entwicklung. In R. Oerter (Hrsg.), *Entwicklung als Lebenslanger Prozeß – Aspekte und Perspektiven* (S. 33–65). Hamburg: Hoffmann und Campe.
Burman, E. (1994). *Deconstructing developmental psychology* (1. Aufl.). London: Routledge.
Cox, M. V. (2005). *The pictorial world of the child*. Cambridge: Cambridge University Press.
Danziger, K. (1990). *Constructing the subject. Historical origins of psychological research*. Cambridge: Cambridge University Press.
Danziger, K. (1997). *Naming the mind*. London: Sage.
Daston, L., & Lunbeck, E. (Hrsg.). (2011). *Histories of scientific observation*. Chicago: The University of Chicago Press.

Deutsch, W., & Lohaus, A. (2006). Methoden der Entwicklungspsychologie: Historische und aktuelle Perspektiven. In W. Schneider & F. Wilkening (Hrsg.), *Enzyklopädie der Psychologie. Band C/V/1. Theorien und Methoden der Entwicklungspsychologie* (S. 793–830). Göttingen: Hogrefe.

Gazzaniga, M., Heatherton, T., & Halpern, D. (2017). *Psychologie*. Weinheim: Beltz.

Eckensberger, L. H., & Keller, H. (1998). Menschenbilder und Entwicklungskonzepte. In H. Keller (Hrsg.), *Lehrbuch Entwicklungspsychologie* (S. 11–56). Bern: Hans Huber.

Elsner, B., & Pauen, S. (2018). Vorgeburtliche Entwicklung und früheste Kindheit (0–2 Jahre). In W. Schneider & U. Lindenberger (Hrsg.), *Entwicklungspsychologie* (8. Aufl., S. 163–189). Weinheim: Beltz.

Flammer, A. (2009). *Entwicklungstheorien. Psychologische Theorien der menschlichen Entwicklung* (4. Aufl.). Bern: Hans Huber.

Gergen, K. (1996). *Das übersättigte Selbst. Identitätsprobleme im heutigen Leben*. Heidelberg: Carl Auer.

Grossmann, K., & Grossmann, K. E. (2012). *Bindung – Das Gefüge psychischer Sicherheit* (5. Aufl.). Stuttgart: Klett-Cotta.

Grubitzsch, S. (1999). *Testtheorie-Testpraxis. Psychologische Tests und Prüfverfahren im kritischen Überblick* (2. Aufl.) Eschborn: Dietmar Klotz.

Heinemann, R. (2016). *Das Kind als Person. William Stern als Wegbereiter der Kinder- und Jugendforschung 1900–1933*. Bad Heilbrunn: Klinkhardt.

Hoppe-Gräf, S., & Kim, H.-O. (2007). Von William T. Preyer zu William Stern: Über die Durchführung und Nutzung von Tagebuchstudien in den Kindertagen der deutschen Entwicklungspsychologie. *Journal für Psychologie, 15*(2). https://www.journal-fuer-psychologie.de/index.php/jfp/article/view/129. Zugegriffen: 13. Mai 2020.

Kleeberg-Niepage, A. (2007). *Kinderarbeit, Entwicklungspolitik und Entwicklungspsychologie. Arbeitende Kinder als Herausforderung für die universalisierte eurozentrische Konstruktion von Kindheit*. Hamburg: Kovač.

Kleeberg-Niepage, A. (2016). Zukunft zeichnen: Zur Analyse von Zeichnungen in der kulturvergleichenden Kindheits- und Jugendforschung. *Sozialer Sinn, 17*(2), 197–232.

Kleeberg-Niepage, A. (2018). Is there such thing as development? Kritische Entwicklungspsychologie als Potential für eine interdisziplinäre Kindheits- und Jugendforschung. In A. Kleeberg-Niepage & S. Rademacher (Hrsg.), *Kindheits- und Jugendforschung in der Kritik. (Inter-)Disziplinäre Perspektiven auf zentrale Begriffe und Konzepte* (S. 3–28). Wiesbaden: VS-Verlag.

Kotter, C. (2012). *Entdeckungsgeschichte frühkindlicher Reflexe: Unter Betrachtung der historischen Entwicklung der Reflexlehre*. Freiburg: Centaurus & Media UG.

Mey, G. (2005a). Forschung mit Kindern – Zur Relativität von kindangemessenen Methoden. *Handbuch qualitative Entwicklungspsychologie* (S. 151–183). Köln: Kölner Studien.

Mey, G. (2005b). Grundlinien einer qualitativen Entwicklungspsychologie. *Handbuch qualitative Entwicklungspsychologie* (S. 9–31). Köln: Kölner Studien Verlag.

Mey, G. (2018). Entwicklungspsychologie der neuen Kindheit und New Childhood Studies als Forschung „aus der Perspektive von Kindern". Ansätze, Abgrenzungen, Annäherungen. In A. Kleeberg-Niepage & S. Rademacher (Hrsg.), *Kindheits- und Jugendforschung in der Kritik. (Inter-)Disziplinäre Perspektiven auf zentrale Begriffe und Konzepte* (S. 227–250). Wiesbaden: Springer VS.

Morss, J. R. (1996). *Growing critical. Alternatives to developmental psychology*. London: Routledge.
Motzkau, J. F. (2009). The semiotic of accusation: Thinking about deconstruction, development, the critique of practice and the practice of critique. *Qualitative Research in Psychology, 6*, 129–152.
Oerter, R., & Montad, L. (Hrsg.). (1982). *Entwicklungspsychologie*. München: Urban & Schwarzenberg.
Rose, N. (1985). *The psychological complex. Psychology, politics and society in England 1869–1939*. London: Routledge & Kegan Paul.
Rübeling, H., Keller, H., Yovsi, R. D., Lenk, M., Schwarzer, S., & Kühne, N. (2011). Children's drawings of the self as an expression of cultural conceptions of the self. *Journal of Cross-Cultural Psychology, 42*(3), 406–424.
Schmiedek, F., & Lindenberger, U. (2018). Methodologische Grundlagen. In: W. Schneider & U. Lindenberger (Hrsg.), *Entwicklungspsychologie* (8. Aufl., S. 99–117). Weinheim: Beltz.
Schneider, W., & Lindenberger, U. (Hrsg.). (2018). *Entwicklungspsychologie* (8. Aufl.). Weinheim: Beltz.
Stern, W. (1908). Sammlungen freier Kinderzeichnungen. In W. Stern & O. Lippmann (Hrsg.), *Zeitschrift für angewandte Psychologie und psychologische Sammelforschung* (Bd. 1, S. 179–187). Leipzig: Johann Ambrosius Barth.
Stern, W. (1914). *Psychologie der frühen Kindheit. Bis zum sechsten Lebensjahre. Mit Benutzung ungedruckter Tagebücher von Clara Stern*. Leipzig: Quelle & Meyer.
Stern, W. (1921). *Differentielle Psychologie in ihren methodischen Grundlagen* (3. Aufl.). Leipzig: Johann Ambrosius Barth (Erstveröffentlichung 1911).
Stern, W. (1906). Spezielle Beschreibung der Ausstellung freier Kinderzeichnungen aus Breslau. In K. Schaefer (Hrsg.), *Bericht über den Kongress für Kinderforschung und Jugendfürsorge in Berlin* (S. 411–417). Bad Langensalza: Hermann Meyer und Söhne.
Tiedemann, D. (1787). Beobachtungen über die Entwicklung der Seelenfähigkeit bei Kindern. *Hessische Beiträge zur Gelehrsamkeit und Kunst II*, Kap. 1.
Wagner, P. A. (1913). Das freie Zeichnen von Volksschulkindern. Eine psychologisch-statistische Untersuchung. In H. Grosser & W. Stern (Hrsg.), *Das freie Zeichnen und Formen des Kindes. Sammlung von Abhandlungen aus der Zeitschrift für angewandte Psychologie und psychologische Sammelforschung* (S. 165–234). Leipzig: Johann Ambrosius Barth.
Wopfner, G. (2012). *Geschlechtsorientierungen zwischen Kindheit und Jugend. Dokumentarische Interpretation von Kinderzeichnungen und Gruppendiskussionen*. Opladen: Budrich.

Weiterführende Literatur

Burman, E. (1994). *Deconstructing developmental psychology*. (1. Aufl.). London: Routledge. *(In diesem, 2008 in einer überarbeiteten Auflage erschienenen, Werk dekonstruiert Erica Burman zentrale Selbstverständlichkeiten des westlichen Entwicklungsdenkens in der Entwicklungspsychologie und verfasste damit eine Art Grund-*

lagenwerk für eine kritische Entwicklungspsychologie. Besonders scharf kritisiert sie die Rolle der Frauen und Mütter in der bisherigen Entwicklungsforschung, denen vielfach die Verantwortung für eine ‚gute' Kindesentwicklung aufgebürdet wird, ohne die soziale Situation und gesellschaftliche Lebensbedingungen zu berücksichtigen)

Mey, G. (Hrsg.). (2005). *Handbuch qualitative Entwicklungspsychologie.* Köln: Kölner Studien Verlag. *(Anders als in vielen Lehrbüchern zur menschlichen Entwicklung, in denen qualitative Forschungsmethoden und die damit einhergehenden Auffassungen von Entwicklung gar nicht oder nur randständig thematisiert werden, stellt dieses Handbuch eine ‚Qualitative Entwicklungspsychologie' in das Zentrum der Betrachtungen. In den verschiedenen Beiträgen werden heterogene theoretische, methodologische und methodische Zugänge vorgestellt und an Beispielen nachvollziehbar gemacht)*

The manufacturer's authorised representative in the EU is Springer Nature Customer Service Centre GmbH, Europaplatz 3, 69115 Heidelberg, Germany. If you have any concerns regarding our products, please contact ProductSafety@springernature.com

Printed and bound by CPI Group (UK) Ltd, Croydon, CR0 4YY

25/03/2026

02078196-0008